名人传

海明威
爱冒险的酷文豪

姚嘉为 著　　左智杰 绘

人民文学出版社

PEOPLE'S LITERATURE PUBLISHING HOUSE

著作权合同登记号　图字 01－2018－8992

© 三民书局股份有限公司
本著作中文简体字版由三民书局股份有限公司授权上海九久读书人文化实业有限公司
与人民文学出版社在中国大陆(台湾、香港、澳门地区除外)独家出版。

图书在版编目(CIP)数据

海明威：爱冒险的酷文豪/姚嘉为著；左智杰绘.
—北京：人民文学出版社，2019
(名人传)
ISBN 978-7-02-015138-7

Ⅰ.①海… Ⅱ.①姚… ②左… Ⅲ.①海明威
(Hemingway，Ernest 1899-1961)-传记　Ⅳ.
①K837.125.6

中国版本图书馆 CIP 数据核字(2019)第 060709 号

责任编辑　卜艳冰　王雪纯
装帧设计　汪佳诗

出版发行　人民文学出版社
社　　址　北京市朝内大街 166 号
邮政编码　100705
网　　址　http://www.rw-cn.com

印　　制　莱芜市圣龙印务有限责任公司
经　　销　全国新华书店等

字　　数　58 千字
开　　本　890 毫米×1240 毫米　1/32
印　　张　4
版　　次　2019 年 7 月北京第 1 版
印　　次　2019 年 7 月第 1 次印刷

书　　号　978-7-02-015138-7
定　　价　28.00 元

如有印装质量问题，请与本社图书销售中心调换。电话：010－65233595

序

　　不论世界如何演变，科技如何发达，但凡养成了阅读习惯，这将是一生中享用不尽的财富。

　　三民书局的刘振强董事长，想必也是一位深信读书是人生最大财富的人，在读书人数往下滑落的多元化时代，他仍然坚信读书的重要性。刘董事长也时常感念，在他困苦贫穷的青少年时期，是书使他坚强向上；在社会普遍困苦、生活简陋的年代，也是书成了他最好的良伴。他希望在他的有生之年，分享这份资产，让其他读者可以充分使用。

　　"名人传"系列规划出版有关文学、艺术、人文、政治与科学等各行各业有贡献的人物故事，邀请各领域专业的学者、作家同心协力编写，费时多年，分梯次出版。在越来越多元化的世界中，每个人都有各自的才华与潜力，每个朝代也都有其可歌可泣的故事，但是在故事背后所具有的一个共同点，就是每个传记主人公在困苦中不屈不挠的经历，这些经历经由各位作者用心查阅有关资料，再三推敲求证，再以文学之笔，写出了有趣而感人的故事。

西谚有云：世界因有各式各样不同的人，才更加多彩多姿。这套书就是以"人"的故事为主旨，不刻意美化主人公，以他们的生活经历为主轴，深入描写他们成长的环境、家庭教育与童年生活，深入探索是什么因素造成了他们的与众不同，是什么力量驱动了他们锲而不舍地前行。以日常生活中的小故事来描写出这些人为什么能使梦想成真，尤其在阅读这些作品时，能于心领神会中得到灵感。

和一般从外文翻译出来的伟人传记所不同的是，此套书的特色是由熟悉文学的作者用心收集资料，将知识融入有趣的故事，并以文学之笔，深入浅出写出适合大多数人阅读的人物传记。在探讨每位人物的内在心理因素之余，也希望读者从阅读中激励出个人内在的潜力和梦想。我相信每个人都会发呆做梦，当你发呆和做梦的同时，书是你最私密的好友。在阅读中，没有批判和讥讽，却可随书中的主人公海阔天空一起遨游，或狂想或计划，而成为心灵

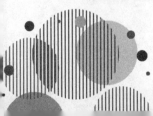

知交。不仅留下从阅读中得到的神交良伴（一个回忆），如果能家人共读，读后一起讨论，绵绵相传，留下共同回忆，何尝不是一派幸福的场景！

　　谨以此套"名人传"丛书送给所有爱读书的人。你们都是世界上最幸福的人，因为一直有书为伴，与爱同行。

目 录

1. 我什么都不怕 ……………… 1

2. 到意大利，开救护车去！ ……… 18

3. 到巴黎，写作去！ …………… 35

4. 太阳升起了 …………………… 52

5. 到加勒比海，捕鱼去！ ………… 60

6. 到非洲，狩猎去！ …………… 68

7. 到西班牙和中国，采访去！ …… 75

8. 是谁先进了巴黎？ …………… 87

9. 亲爱的，我得到那东西了！ …… 96

10. 太阳下山了 ………………… 109

海明威小档案 ………………… 118

名人传

海明威

1899—1961

1. 我什么都不怕

　　1899 年 7 月，美国文豪海明威在伊利诺州橡树园的外公家里出生，是家中第一个男孩，取名为欧内斯特。他排行老二，上有一个姐姐，之后又有了三个妹妹和一个弟弟。

　　橡树园在美国中西部，芝加哥市郊外，是典型的中上阶级住宅区。他们全家都住在外公家，那是一栋维多利亚式的建筑，尖尖的屋顶上有一间阁楼。那时候，电话还不普遍，他们家中却有电话，这大概和海明威爸爸的工作有关系。海明威的爸爸是一名医生，在家中有一间诊疗室，常有病人来看病，他也常坐马车到病人家里看病。有空时，他常常到阁楼上一间小房间里去，小海明威注意到了，很好奇地问道："爸爸究竟在里面干什么呀？"

　　有一天，他咚咚咚地爬上阁楼，推开门一看，哇！太恐怖了，迎面一个骷髅，满屋子药水味道，架子和桌子上摆了许多动物标本，还有一些瓶瓶罐罐，里面装着稀奇古怪的东西，漂浮在水中。爸爸看到他那吃惊的模样，便笑着招手要他进去，说："别怕，这是人身体上的器官，我研究它们，才能医治更多的人。救人性命是一项很神圣的工作，你长大了，要不要也当医生？"小海明威摇摇头，大声说道："不要，我要当兵去打仗！"海明威医生笑了，他这儿子生性好动，一天到晚和玩伴玩打仗的游戏，总是当队长，下命令，往往玩得全身沾满泥巴。小海明威却是认真的，长大后他要去前线打仗，这可比当医生有趣多了。

他喜欢用积木搭成炮台和大炮，也收集许多和战争有关的图片，幻想着战争的场面。他的爷爷和外公都参加过南北战争，他听大人说外公当时在志愿骑兵营当兵，大腿中过弹，腿中还有残存的弹片呢！虽然外公很少提这件事，但是他却把外公当英雄看，后来他长大了，也喜欢阅读关于南北战争的书，希望对当时的情况有进一步的了解。

美国的南北战争发生在 1861 年至 1865 年，是美国南方与北方为了解放黑奴而发生的内战。当时北方主张禁止奴隶制度，南方则竭力守护奴隶制度。南方人口九百一十万，其中三分之一是从非洲运来的黑奴。这场战争最主要导因是 1860 年时，北方伊利诺州的林肯当选总统，南方各州便纷纷脱离联邦政府，自行成立南方同盟政府，林肯发布命令讨伐，内战就此爆发。海明威的祖父和外公都是伊利诺州人，属于北军，为了解放黑奴而上战场。

北方虽然人口有二千多万，而且工业发达，还有铁路网和丰富的粮食，但是南方的军队和装备比较精良，战争初期，北军接二连三地败退。1862 年，林肯发表解放奴隶的宣言，黑奴纷纷逃往北方，有的还参加北军帮忙作战。南方的经济以农场为主，一向倚赖黑奴的劳力，黑奴纷纷逃亡后，经济开始衰退，加上林肯任命优秀的将领主导作战，情况逐渐扭转过来。到了 1865 年，北方终于获胜，黑奴得到解放，美国恢复统一，经济、科技、教育、政治、外交都在稳定中飞速发展，小海明威就在这样的环境中成长。而在家中，他则是备受呵护，富于想象力的个性逐渐显露出来。

小海明威五岁那年，有一天从外面回来，跑得上气不接下气，冲进外公的房间，叫着："外公，外公！我刚刚驯服了一匹好凶好凶的马！"外公吓了一跳，看了看他：荷兰式的男童发型，头发长长地垂到耳边，颊上两个小酒窝，一身笔挺的小西装，这样一个文雅的小男孩，哪有这么大的力气和本事去驯服马呀？看他的样子好好的，没受伤，外公笑眯眯地听下去。

只听小海明威说："我在路上看到一匹马，脱开了缰绳，到处乱跑，没有人敢去抓它，可是我一点也不怕，走过去摸摸它的腿肚子，跟它轻轻说话，要它乖一点，它看了我一眼，停下不跑了，我就牵着它到马厩里去了。"他指手画脚，说得生动极了。

外公后来告诉女儿葛瑞丝这件事，说："你这儿子将来一定有出息，不管他是不是编造故事，他有本事说得像真的一样，你一定要好好管教他，让他走正路，要是走上歪路，那可是免不了要坐牢的。"小海明威常来找外公玩，他爱编故事，外公总是笑眯眯地听着，夸奖他，可惜不久后，外公生病去世了。

外公留下一笔遗产，海明威的爸爸就在附近又盖了一座新房子，里面有八间卧室、一间大音乐室，外面则有阳台。海明威的妈妈在这里教音乐，举办音乐会。房子的另一边还有一间诊所，海明威的爸爸就在这里看诊。

海明威的妈妈葛瑞丝是个演唱家，经常应邀到外面去演唱，每天她都要在音乐室里练唱。孩子们都知道，音乐室的门关住时，最好不要去吵妈妈。妈妈告诉过他们："我年轻的时候，本来可以到大都会歌剧院当歌剧演唱家的，但是因为小时候生过一场大病，眼睛受不了舞台的强光，所以就放弃了。但是，我要继续练唱，保持水平，这对我来说是很重要的事。"

除了练唱外，她也练琴，她是无师自通学会钢琴的。"我小时候生了大病，发高烧，有六个月的时间，视力不清楚，只好天天待在家里，日子真是无聊啊！所以我就自学弹钢琴，打发时间。"小海明威听得一愣一愣的，妈妈真了不起，换成是他，可没这么大的耐性。

新房子的音乐室很大,是专为妈妈在家中教钢琴和声乐设计的,她常在这里举办学生音乐会。那个时代,女人结了婚,都得乖乖地当家庭主妇,海明威的妈妈却不一样,她不喜欢煮饭打扫,宁可花钱请人来做家事,也要把时间用在音乐上面。她还会写歌词和作曲,有时候小海明威半夜听到钢琴声,他知道一定是妈妈又在作曲了,她说灵感来了,如果不在钢琴上试弹,第二天就忘光了。

妈妈这么喜爱音乐,她要家中每个孩子都学一样乐器,规定他们每天练习。姐姐玛莎学小提琴,小海明威学大提琴,妹妹桑妮学竖琴,简直可以组成一个室内乐团了。可是小海明威一点也不喜欢练琴,但又怕妈妈生气,他就藏起一本小说,带到音乐室里,关上门,一边假装拉大提琴,一边偷看小说。

海明威的妈妈个性外向,家中大小活动和宴会都是由她负责筹办。她精力充沛,走进任何场所,人人都会立刻注意到她。她十二岁时,曾经穿上哥哥的长裤,骑上当时最流行的自行车,到街上去玩。自行车的前轮高得吓人,却难不倒她。海明威小时候,她就常常教他喊口号:"我什么都不怕!"海明威的个性像妈妈，好强，有创意，天不怕地不怕!可是，海明威更喜欢爸爸，爸爸是他心目中的英雄。

爸爸闲暇时，喜欢户外活动，他是钓鱼和打猎的高手，拥有好几把猎枪。每次打猎时，不论是天上的飞鸟，还是地上的野兽，常常都是一枪命中。此时，小海明威若是在场，一定会在旁边欢呼，并且跑着去拾取猎物。爸爸也教他和姐妹们打猎，所以他们都会使用空气枪射杀鸟类。但是爸爸一再强调，打猎是为了食用，不可以滥杀动物。有一次，海明威和朋友杀了一头豪猪，结果爸爸硬是逼着他们煮熟了吃下去。豪猪又硬又难吃，从此，海明威再也不敢乱杀动物了。

海明威在两岁的时候，便开始跟着爸爸划船去钓鱼，三岁时他有了自己的钓鱼竿，煞有其事地站在湖边钓鱼。爸爸会的东西可多了，他常带着儿女们到野外去，教他们砍柴，制作水果罐头和蜡烛，或到农场摘取水果。如果哪天他们在森林里迷路了，也有生存的本事。

海明威从四岁起，每年春天的周末，就会跟着爸爸和

一群年轻人到野外去徒步。这是海明威医生组织的自然俱乐部，每年春天，他带着二十多个年轻人沿着河流步行，教他们认识花草树木、虫鱼鸟兽、狐狸的洞穴、土拨鼠的地洞。最好玩的是，他教他们挖出地下的野洋葱，抖掉泥土，夹在面包中吃，说这是天下最好吃的三明治，当然，信不信由你！

海明威的爸爸是个志向远大的人，认为人生在世，对社会要有贡献，要为人民服务，所以他成立自然俱乐部，也常到孤儿院为孤儿们免费看病。他以身作则，希望儿女们将来也能对社会有贡献。他有很高的道德标准，喜欢过简单的生活，对孩子管教严格，规定他们不准打牌、跳舞、喝酒，星期天不能出外玩耍或拜访朋友。孩子若不听话是要挨打的，还得下跪祈求上帝饶恕。

每年夏天是海明威最盼望的季节，学校放假了，他们一家人会到密歇根北部瓦隆湖边住上两个月。小海明威出生那年，他的父母在这里买了一栋木屋，取名为温德密尔，后来又买下湖对岸的一个农场，还有一艘印第安人的独木舟。炎热的夏天里，有时他们全家会在湖里游泳，划船到湖中钓鱼，回家后把鱼煮熟了，一家人在阳台上大吃一顿。有时则到树林中去，用空气枪打猎，或者是到农场砍柴和摘水果。晴天的夜里，星斗满天，湖风吹来，凉爽无比，海明威就在后院搭个帐篷，躲在蚊帐里点灯看恐怖小说，然后沉沉睡去。

瓦隆湖边有一片茂密的森林，散落着一些渥太华印第安人的房子，周围有许多伐木场，不时传来伐木砰砰的声音，不少印第安男子在那里工作。印第安妇女则替游客洗衣服，兜售一些自己编织的篮子和手工艺品，或者挑着野地摘来的野草莓到附近人家的门口贩卖。

海明威的爸爸希望海明威从日常生活中学习，所以他经常跟着爸爸到伐木场附近去替人看病，因而知道不少印第安人的真实故事。

有一天夜里，有人把海明威的爸爸叫醒，要他到湖的对岸去，因为那里有一位印第安妇女难产，已经一天一夜了，婴儿还是生不出来。海明威跟着爸爸一起坐船过去，到了那里，妇人痛苦的喊叫声凄惨极了，附近的人都受不了，纷纷跑到别的地方躲起来，只剩下她的丈夫躺在双层床的上铺，默不出声。在海明威的爸爸的协助下，妇人终于将孩子生下了，在婴儿嘹亮的哭声中，伴随着滴答的滴水声，他们才发现，妇人的丈夫因为受不了太太生产的痛苦，已经割腕自杀了。这事让海明威毕生难忘，后来他还据此写成了短篇故事《印第安人营地》。

在农场还发生过另一件事。有一次，他杀了一只蓝色苍鹭，而这种鸟属于保护生物，是禁止射杀的。他把苍鹭留在船上，上岸去吃午饭，结果被一个年轻人发现了。这人质问他，海明威却否认："这只苍鹭不是我杀的，是我捡到的。"但是他身上带着猎枪，没有人相信他。当地保护生物协会的警长到他家中去找他，被海明威的妈妈赶走了，而海明威早就躲到舅舅家中去了。后来还是他爸爸出面，劝他出来认罪，罚款了事。这段被人追捕的逃亡经历，海明威后来写成《最后一片净土》这个短篇故事。

时间过得很快，海明威上高中了，他喜欢运动，希望像爸爸一样进入校足球队，但是他的动作不够灵活，没能选上。他的功课不错，英文和历史最好，作文常被老师拿来在课堂上朗诵，他受到鼓励，开始喜欢写作，包括替校刊写体育新闻和校闻，也写点小故事，在学校里算是风云人物。他去学拳击，打得不错，有一次被人打到左眼，导致视力受损，后来他想去从军，就是因为左眼视力不合格，而没能如愿。

海明威高中快毕业时，父母希望他去上大学，但是他却没兴趣，他想去当兵打仗。那是1917年，美国已经加入第一次世界大战，父母反对他去打仗，因为他太年轻了，怕他遇到危险，既然他想当作家，海明威医生就写信给他弟弟，要他帮忙找个和写作有关的工作。由于许多男子都到前线打仗去了，工作机会不少，不久，海明威的叔叔就替他找到了《堪萨斯明星报》的实习记者工作。

那年十月，海明威怀着兴奋的心情走进《堪萨斯明星报》的办公室。这是他盼望已久的工作，薪水虽然不高，但是当记者让他可以看到很多社会上发生的事，最重要的是，这是一个跟写作有关的工作，他可以好好磨炼自己的文笔。

《堪萨斯明星报》的办公室是一个长长的大房间，所有的记者、编辑都集中在这里一起工作，电话铃声不停地

响，打字机嗒嗒嗒，电报机嘀嘀嘀，外地的消息传进来，变成报上的新闻出去。记者们匆匆忙忙从外面采访回来，在打字机前写稿，写完后和编辑讨论内容，编辑忙着排版、定标题。这里总是闹哄哄的，充满行动和活力，海明威立刻爱上这份工作了。

《堪萨斯明星报》的主编接见他，跟他说："你刚刚开始当记者，我想派你每天到三个地方采访新闻：警察局、火车站和医院，因为这些地方经常有事情发生，你可以去询问，然后忠实地记下来，这就是新闻。"这很对他的胃口，因为他是个行动派，哪里有事情发生，他就希望赶到那里去看个明白。

他向主编请教："写新闻报道有什么秘诀呢？怎样写才写得好呢？"

主编看了他一眼，点头赞许道："我很高兴你提出这个问题。我正准备送你一本《堪萨斯明星报》的记者写作手册，里面有一百多条秘诀。别吓住，归纳起来，写新闻最重要的是，第一段一定要短，要能抓住读者的注意力，全篇的句子都要简短有力，千万不要啰啰唆唆，可是也不能不通顺。语气要积极。你每次写新闻，只要参考这本手册，一定会进步的！"

此后，海明威变得很认真，每次写新闻，除了参考这本手册外，还会向其他记者、编辑虚心请教，渐渐学会了观察人、事、物，培养出在很短的时间内，用精简、直接、有力的文字，报道新闻细节的能力。后来他成为家喻户晓的作家，主要就是以紧凑而简洁有力的文字出名的。他常常说，他很感谢《堪萨斯明星报》给了他最好的文字训练。但是他心中还是渴望能到前线去打仗。

这年他十八岁，还是个大孩子，喜欢交朋友，爱热闹，不久就认识了一批记者和作家朋友，大家常常一起喝酒聊天。有一天大家闲聊的时候，海明威叹了一口气，说道："我希望到前线去，可是左眼视力不好，被刷了下来，看来我这辈子没机会上战场了，真是令人丧气！"

这时有位记者接腔了："谁说你没机会？"

海明威听了，抬眼望过去，注意到那人一只眼睛是瞎的，他半疑半信地问道："这话怎讲？"

那位记者说："你问对人了，我虽然一只眼睛瞎了，却到过战场，我不是去打仗，是去开救护车。你想去前线，如果不是非打仗不可，愿意当义工，事情就好办了。我自己还想再去，我们一起去向红十字会申请，去海外工作吧！"

海明威高兴得跳起来，和他紧紧握手，连声道谢。

1918 年 4 月，他们向红十字会提出的申请果然通过了，5 月就被派往欧洲。他们搭船先到法国，再转往意大利北部的米兰，最后到了斯基奥战区。这时距离第一次世界大战结束只有四个月了。对海明威而言，这是他生命中极重要的一步，不但童年当兵打仗的梦想成真，战场的经历更成为他作品中永恒的主题。

2. 到意大利，开救护车去！

　　1914 年第一次世界大战爆发，共持续了四年时间，战场在欧洲。战争的导火线是奥匈帝国的王储斐迪南大公在塞尔维亚被暗杀。其实，真正的原因是欧洲各国的军事扩张，彼此争夺殖民地，战争早就蓄势待发了，只差一个借口而已。

　　在德国的支持下，奥匈帝国向塞尔维亚宣战，俄国立刻宣布支持塞尔维亚，英国和法国跟进，短短五个星期内，引发了第一次世界大战。这些国家分别属于同盟国和协约国，英国、法国、俄国和塞尔维亚是协约国，德国和奥匈帝国是同盟国。意大利最先保持中立，后来加入协约国，1917 年俄国发生十月革命，要求停战，美国宣布参战，加入协约国。1918 年 8 月德国投降，大战终于结束。

这场大战有一千多万人死亡，两千万人受伤，四年战争死亡人数比过去一百年的总数还要多，这是工业技术进步的结果。试想，如果没有火车，调动大批军队哪有这么容易？没有机关枪、坦克车、飞机、毒气和重型大炮，死伤哪会如此惨重？

战后，欧洲四个王室垮台了——俄国二月革命推翻了沙皇统治，德国、奥匈帝国和奥斯曼帝国的皇帝也都退位了。奥匈帝国变成奥地利、匈牙利、捷克等国，波兰、罗马尼亚等国也获得部分领土；芬兰和波罗的海三国都脱离俄国独立；奥斯曼帝国被迫分裂成四十多个国家。

战争结束了，但是欧洲元气大伤，人口大幅减少，经济萧条，许多人无家可归，没有工作，人们对前途失去信心，悲观沮丧。

1918 年 4 月，海明威正充满朝气地来到斯基奥，一个位于意大利东北的小镇，在阿尔卑斯山脚下，离奥地利只有四英里。那时意大利与奥地利军队正在山间激战对峙，每天都有不少士兵伤亡。

海明威的任务是开救护车，每天把受伤的意大利战士从前线载到医院接受治疗。他已经是个英俊的青年了，一双黑眼睛，一头黑头发，皮肤深红，看起来像意大利人，笑起来有点害羞，露出颊上一对酒窝，还是个大孩子模样。他跟他们学意大利文，和他们交谈，很快就混熟了，士兵们立刻就喜欢上他了。

每天他穿上笔挺的墨绿色军服，戴着船形小帽，兴致勃勃地开着高高的救护车出发。这部绿色的老爷车，车顶上漆了一个红十字，走在弯弯曲曲的山间小道上，摇摇晃晃，像老牛拖车似的，慢悠悠的。虽然远处有隆隆的枪炮声，但是附近却一点事也没有，完全不像在危险的战场，喜爱冒险和行动的海明威，不久就嫌这工作太枯燥了，急着找机会到前线去。

恰巧，这时候红十字会决定在军队经过的地方设立流动性福利社，卖些咖啡、巧克力糖、香烟、明信片之类的东西，每隔几小时，福利社的工作人员要骑自行车到前线去送东西。由于地点在战区，当然比较危险，然而这正是海明威所希望的，所以他第一个去报名。

一个月后，有天晚上，他正在前线的战壕里递送香烟糖果，忽然间，强光一闪，轰隆一声，冒出红色的火焰，原来敌方的炮弹落在附近，一根木柱倒下来，打中了他的前额，他想要移动，却动弹不得，这时候敌军开始用机关枪和步枪扫射。他的双腿失去了知觉，靴子里有黏黏湿湿的东西在流动，他心中一惊，是血，他受伤了！

他听到周围有人在哭喊，刚刚还在跟他谈笑的士兵，死的死，伤的伤，一幅凄惨景象。他挣扎着站起来，前往医疗站。当他经过一位伤兵旁边，看到那人比他伤得还要严重，哭得很凄惨，他停下来，扛起伤兵，一起蹒跚前进。这时，奥国军队又用机关枪扫射，子弹打中了他的右腿膝盖关节，但他还是继续前进，扛着伤兵到了医疗站，一放下伤兵，他便失去了知觉。

救护车把他送往附近的急救站，医生从他腿中取出二十多片弹片，其他的碎片卡在较深的地方，一时拿不出来。他被辗转送往米兰的美国红十字会医院，继续治疗。

这家医院是一栋石头建筑，外面有阳台，上面种满了缤纷的花草，还有柳藤编制的椅子，环境十分优美。海明威住在楼上的病房，那里只有四位病人，却有十八位护士

照顾，而且都是从美国来的。护士们都很喜爱刚刚满十九岁的海明威，尤其知道这个大男孩在战场上英勇救人的事迹后，更加疼爱他。

矮矮胖胖的护士长成天笑眯眯的，像个慈祥的母亲，海明威刚到医院的时候，她对海明威挤挤眼说："你是个被打破的玩具娃娃，我们这里是维修的地方，不要担心，不久以后，你又会生龙活虎啦！"

她陪着海明威去照 X 光片，医生看了以后，准备在月底为海明威动手术，取出其他的弹片。动手术那天早上，护士长陪着海明威进手术室。海明威很紧张地拉着她的手说："万一我死了，请你帮我领抚恤金和保险赔偿金，把那双沾满血迹的靴子收起来，一起寄给我父母。"

护士长听了，真是心酸，忍住眼泪说："别说傻话了，医生的技术很高明，相信我，你一定会被修理成一个好娃娃的！"她转过身去，偷偷擦掉了眼泪，这孩子多叫人心疼啊！还好手术很成功，医生取出了其他的碎片，他只要安心静养，等着康复，就可以回美国了。

因为英勇救人，他得到了意大利指挥部颁发的银星勋章，加上他是第一个在意大利战场上受伤的美国人，芝加哥的报纸都报道了这则消息，他成了英雄人物。炎热的 8 月，他坐在病床上，有许多人来看望他，包括红十字会的医疗队长、米兰市政府的代表等等。

但是休养期间，海明威最高兴的是，他有更多的机会见到值夜班的漂亮护士艾格尼丝，得到她更多的照顾，这比什么药和勋章都神奇。

艾格尼丝为人亲切和善，照顾病人无微不至，不但人长得漂亮，性情也很开朗，又富于幽默感。海明威和其他的病人都喜欢艾格尼丝，乖乖地听她的话，盼望早日康复，可以邀她出去吃饭。虽然这里规定护士不能和病人外出约会，但是艾格尼丝觉得偶尔开例，没什么关系。她比海明威大七八岁，像个大姐姐似的，干脆就叫海明威"小孩"。

没多久，这个"小孩"海明威已经爱上她了，这是他的初恋，他勇敢的向她表达爱意。起初，艾格尼丝有点迟疑，觉得他心智还不成熟，做事、说话都很冲动，何况自己年纪比他大多了。可是他纯真热烈的痴情和英勇救人的事迹，又是那么可爱，他每天写好多情书给她，热情洋溢、文情并茂，终于感动了她，于是，她也天天回信给他，只是没有那么热烈。

9月中，海明威伤势复原，可以四处走动了，这时候，流行性疾病在意大利北部的名城佛罗伦萨蔓延，需要医生和护士，艾格尼丝志愿去帮忙。她10月间动身离开后，海明威天天写信给她，有时候一天写两封，12月时，他忍不住跑到佛罗伦萨去看艾格尼丝，给她一个惊喜。

他告诉她："我有个好消息，有人愿意提供我一笔钱，让我在意大利多留一年，这样我们就可以天天在一起了，我们可以一起去游山玩水、滑雪、钓鱼、爬山，多棒啊！你高兴吗？"

艾格尼丝感动地望着他，委婉地说："我很感激你有这份心，但是我觉得年轻人应该自食其力，不要仰赖别人的金钱，变成一个游手好闲的人。你先回美国，身体复原后，找个工作，一两年内我也会回去的，那时候我们就可以常在一起了。"海明威虽然舍不得，还是听从她的劝告，认为这是她答应嫁给他的暗示。第二年1月，他搭船回美国，计划回去后，先找一份工作，等艾格尼丝回美国后，就结婚成家。

海明威回到家乡后，受到英雄式的欢迎，报纸采访他，母校请他去演说。他把受伤时穿的衣服给听众看，要他们数一数上面有多少弹孔。听到他说，大腿中曾经有两百多片碎片，人人都惊讶不已，对他的英勇行为佩服极了。

他每天写信给艾格尼丝，痴情地守望着信箱，等着她回信。但是信件越来越少了，原来艾格尼丝虽然被他的热情感动，但是心中一直不确定是否要嫁给他。他年纪比她小七岁，不太成熟，脾气不好，常常闹情绪，更何况她热爱护理工作，还不准备辞职当家庭主妇。终于她写了一封信，告诉海明威，她冷静地想清楚了，她对他只是母亲般的疼爱，不是爱情，希望他有一天会明白，这样做对他是好的。

海明威接到信后，把自己关在房间里，面对墙壁，好几天不肯出来，家人都很担心，但是他一句话也不肯说，他的初恋就这样结束了。

他在家中养伤的时候，写了几个短篇故事投稿给杂志社，但是都遭到退稿。后来有人介绍他认识加拿大《多伦多明星报》的编辑，他把二十多篇文章卖给《多伦多明星报》刊登，除此之外，他没有其他的收入，却成天在外面游玩，吃饭时才回家。他的父母认为他游手好闲，不务正业，失望极了。

第二年夏天，妈妈葛瑞丝写信给他，义正词严的告诉他，除非找到工作，否则不要再回家了。他怒气冲冲地离家，到了芝加哥，住在好朋友比尔和凯蒂·史密斯兄妹家里。不久后，他找到一家杂志社的助理工作，勉强养活自己。

史密斯兄妹喜欢社交，每星期在家中开派对，请朋友来聊天吃饭，海明威每次都去参加。那天在派对中，他见到了一个陌生女子，她个子高大，有一头琥珀色的头发，站在凯蒂身边帮忙，看她们两人有说有笑的样子，就知道她们是好朋友。凯蒂招手叫海明威过去，介绍他们认识："这是我的同学哈德莉，从圣路易来的，你们聊聊吧，厨房的事别管了。"哈德莉连忙在围裙上擦干了手，笑着和海明威握手，两人到客厅坐下聊了起来。

她的仪态文静温婉，总是很愉快的样子，一看就知道脾气很好。她告诉海明威："我是凯蒂的同学，多年来很少出门，因为母亲病了，一直由我照顾，最近母亲去世了，凯蒂心肠好，找我来芝加哥散心。"

海明威跟她说："我是来芝加哥找工作的，比尔和凯蒂很照顾我，现在我在一家杂志社当助理，收入不多，但是很接近我的梦想，我希望能成为作家。"

哈德莉听完，一双蓝眼睛马上亮了起来："当作家！这志向真了不起，可以告诉我你写些什么吗？"

从来没有人对海明威的写作这么重视，他滔滔不绝地说起来："写一些短篇故事，不外乎是我身边生活中发生的事，像是打猎啊，印第安人的故事，等等。有一次，我杀了一只蓝色苍鹭，被警长追到家里来了，我妈妈把他赶走了，我在舅舅家躲了半天，那滋味跟逃犯一样，真是令人难忘啊！我将来一定要将它写下来！"

哈德莉说："这些故事听来很有趣，我虽然不会写作，但是喜欢阅读，你写出来后，可以让我拜读吗？"

"当然啰!"他接着和哈德莉谈起彼此的家人,生活中的趣事和爱好,发现哈德莉会弹钢琴,喜欢户外活动,他们越谈越投机,约好以后再见面谈天。海明威觉得被人欣赏和接纳的感觉真好,他发现自己又恋爱了,这次又是一个比他大的女人,哈德莉二十九岁了,比他大八岁,但是他一点也不在乎。

几星期后,哈德莉回圣路易去了,两人约好通信联络,海明威把写好的作品寄给她看。12月时,他们又在芝加哥见了面,这时候,海明威已经决心娶她为妻了。朋友们都劝他,说他太年轻了,还不到成家的时候。哈德莉的家人也反对,因为这年轻人每星期收入只有四十美元,怎么养家啊?但是两人不为所动,海明威二十二岁生日那天,哈德莉送他一台打字机,表示对他写作梦的支持。1921年春天,他带哈德莉回去见父母,全家人都很喜欢她,很高兴他找到一个好女人为妻,他们就在家人的祝福中结婚了。

婚后,当海明威每天从杂志社回家时,就有热腾腾的饭菜等着他,而哈德莉则笑盈盈地听他讲办公室的事。

这天，有份厚厚的邮件等着他，原来他的短篇小说又被退稿了。他很沮丧地叹口气，说："我的短篇小说没人要，该怎么办呢？也许应该写诗或者长篇小说吧？"

哈德莉说："你很会说故事，不妨写长篇小说吧？"

海明威说："写长篇小说需要长时间专心的投入和安静的环境，整天在杂志社工作，哪里还有时间和精力写作呢？真想辞职，到欧洲去写作！"

哈德莉说："你知道我一定会全力支持你的梦想，说说看，你想去哪里呢？"

海明威说："当然是意大利了！我去过那里，风景真是太美了！我要带你去看我受伤的地方，还有米兰的红十字会医院！"接着他的眼神黯淡下来了，"可是我们好穷啊，哪里有钱去欧洲，还要住在那里啊？这只是我的一个梦想罢了！"

哈德莉说："有梦想就有办法，你知道我继承了两笔遗产，加起来也有八千多块钱，虽然不多，但是欧洲的生活费用比较低，只要我们省吃俭用，应该可以维持生活。"

海明威高兴地抱着她跳起舞来："你说的可当真？我

也去和《多伦多明星报》商量一下，替他们当驻外记者，赚一点钱，这样就够了吧！还有什么事情是我们需要知道的？"

哈德莉说："我们还是去请教舍伍德·安德森① 先生的意见吧！"

舍伍德·安德森当时已是美国知名的作家，为人热情，喜欢提携后辈。

海明威是经朋友介绍认识舍伍德·安德森的。那天，他们夫妇去拜访他，兴致勃勃地谈起打算去意大利写作，请教他的意见，舍伍德·安德森听了，摇头说："你们应该去法国！"

海明威问道："为什么呢？我想去意大利，因为我在意大利住过，认识一些人，会说一点意大利语。"

舍伍德·安德森深邃的大眼注视着他，说："年轻人，世界大战过去了，欧洲已经恢复和平，巴黎又繁华起来，

---

① 舍伍德·安德森（1876—1941），美国作家，擅长描写中西部小镇居民的心理状态，以及他们对成功的追求和幻灭。他最著名的作品是1919年出版的《小城畸人》。

那里才是年轻作家和艺术家该去的地方。尤其是在塞纳河左岸，住了许多从美国去的艺术家和作家，还有英国和欧洲的艺术家与作家，大家聚集在一起，文化气息浓厚，各种文学和艺术的运动在酝酿，你去了，便会像海绵一样，大量吸收文艺的养分。那里对年轻作家来说，是最理想的地方了。别去意大利了！"

海明威听了很心动，但是巴黎虽好，他不会法文，而且一个人也不认识呀！舍伍德·安德森早就想到这一点了，他说："我认识那里几位作家，像诗人埃兹拉·庞德①和女作家格特鲁德·斯坦因②等。我给你写介绍信，你去见他们，就跟那里的文学界联络上了。他们都是名作家，但是很热心提携年轻人，尽管放心去吧！"

海明威欣然接受建议，决定去巴黎发展。《多伦多明

---

① 埃兹拉·庞德（1885—1972），美国诗人，文学评论家。1908 年赴英国，成为伦敦现代派诗人领袖。代表作有《诗章》等。还译过中国诗。倡导意象派诗歌，对西方现代派诗人的思想与创作有一定影响。
② 格特鲁德·斯坦因（1874—1946），德裔犹太人。她写诗、小说、评论和戏剧，作品深受心理学的影响，她喜欢收藏当代画家的画作，常写文章论述立体主义画派和文学的关系，并且在牛津大学和剑桥大学演讲。

星报》同意派他担任驻欧洲的特派员，每周有七十五美元的收入。于是他们满怀希望地搭船前往欧洲，在 1921 年 12 月下旬到了法国。

3. 到巴黎，写作去！

他们在巴黎找到住处，这栋房子有四层楼，公寓里包括卧房、小浴室和厨房，有桌椅、煤气炉，桃花心木的大床、一个小火炉。地方虽小，但是哈德莉设法放了一台租来的钢琴，并且雇了一名女佣，帮忙整理房间、烧饭和挑水。

可惜这附近太吵了，隔壁是舞厅，人来人往，乐声震耳欲聋，海明威根本没办法安心写作，于是他在一家旅馆的顶楼租了一间小房间当工作室，房里很简陋，只有一张桌子和一个壁炉。每天早上，他来到这里专心写作到中午，然后到街头漫步，找一家路边的小馆吃午饭，有时候为了省钱，干脆饿肚子不吃。饭后沿着大街到卢森堡花园和卢浮宫去闲逛，有时去拜访住在附近的女作家格特鲁德·斯坦因。

之前，舍伍德·安德森已经写信给几位住在巴黎的美国作家，要他们照顾海明威。他在信中写道："海明威是个天生的作家，写什么都很成功。"其实，这时候的海明威根本还是个无名之辈呢！

巴黎塞纳河左岸的拉丁区，一直是法国文学艺术的中心，许多艺术家居住在这里，不断有新的艺术实验和文化运动产生。20世纪20年代，海明威到巴黎时，艺术大师毕加索四十岁，正是创作的高峰期，酝酿从写实主义转入立体主义的画风；印象派大师莫奈八十岁了，仍然在种满荷花的庭园中辛勤绘制油画；五十多岁的马蒂斯是野兽派的创始人；高更和梵高虽然已经过世，但是对画家甚至作家的影响深远。

那时正是现代主义的鼎盛时期，现代主义主张艺术要追求真和美，用文字创作一个想象的世界，不只是写实而已。代表作家如当时四十多岁的现代主义诗人与评论家、戏剧家艾略特，名诗人庞德，小说家乔伊斯，都在巴黎居住过，格特鲁德·斯坦因的家是聚集这些作家和艺术家的地方。她常常举办宴会，邀请作家和艺术家来参加，畅谈文学、艺术及音乐。在这里，海明威认识了文学家、艺术家、书店老板和出版社编辑，建立了文学界的人脉，这对他日后的写作事业有很大的帮助。

海明威记得第一次鼓起勇气带着哈德莉去拜见格特鲁德·斯坦因的情景。那是个三月天，天气仍然很冷，他们打着哆嗦来到花园街 27 号的高级公寓。一走进室内，全身立刻温暖起来。客厅里有一个大大的壁炉，熊熊的炉火使得房间温暖得像春天一样，桌子上放着各种让人垂涎的点心，还有新鲜梅子榨出来的果汁。墙上挂满了名画，有毕加索和莫奈的原画，也有塞尚和刚兴起的立体派画家的画作，书架上摆满了烫金字的书籍，好像走进了博物馆一样。

这时候，一位个子矮壮的中年妇人走出来欢迎他，她有一头浓密的短发，一双深邃漂亮的眼睛，这是一张典型的犹太人脸孔，却让他想起在意大利北部见过的农村妇人。不同的是她深思的眼神，让他立刻猜到这就是格特鲁德·斯坦因了。

三十九岁的格特鲁德·斯坦因很热情地接待他们，她

说："欢迎你，年轻人，我已经收到舍伍德·安德森的信了，他赞扬你是很有潜力的年轻作家，我这里的大门永远为作家和艺术家而开，尤其是你们这样的年轻人！"虽然她还没有看过海明威的作品，但是她相信舍伍德·安德森的话，而且她看到这位英俊的青年，举止文雅，抱负不凡，他的太太哈德莉又是那么的温婉文静，立刻就喜欢上他们了，一种母性的温柔从心底升起，她决定照顾他们。

那天，海明威恭敬地向她请教写作的问题，格特鲁德·斯坦因非常健谈直率，滔滔不绝地告诉他："作家不能只是阅读文学作品，也要懂得欣赏艺术，因为艺术和文学是相通的，譬如塞尚的画对我的写作风格就有很大的影响。"她讲话的内容非常艰深抽象，范围又很广泛，海明威只有点头的份，她接着发表对语言和艺术的看法，直到天黑了，海明威夫妇才告辞回家。

过了几天，格特鲁德·斯坦因来他家拜访，她爬上窄窄的楼梯，来到那间小小的寒酸的公寓，海明威觉得荣幸极了，赶紧让座，奉上咖啡，格特鲁德·斯坦因说："最近写了什么作品？我可以看看吗?"海明威求之不得，赶紧把最近写的短篇小说和诗歌拿出来。

格特鲁德·斯坦因坐在他们那张桃花心木的大床边，一页一页仔细地翻读。看完后，她说："诗写得不错，但是短篇小说太啰唆了，读起来沉闷没趣味，应该写得更简洁有力些，最好的办法是全部改写。"她是一个说话直率的人，但是由于她的文学地位，海明威点头同意，谢谢她的忠告，说他一定会改写。格特鲁德·斯坦因是海明威写作起步时的恩人，可是后来他成名后，却写文章批评她，伤了她的心，从此与他断交。

他在巴黎还认识了莎士比亚书店①的老板西尔维亚·毕奇。她是个三十四岁的美国人，1919年在巴黎开了这家书店。店里有许多文学和艺术书籍，包括英国、美国和欧洲的古典及当代文学作品，还可以让人们租书回家。她特别优待年轻作家，有时免费让他们借书。她待人

---

① 第二次世界大战时，巴黎被德国纳粹占领，莎士比亚书店关门了。目前在巴黎布乔瑞大道上的莎士比亚书店是另一位美国人乔治·惠特曼开的，楼上有一间西尔维亚·毕奇纪念图书馆，还有一间专供作家写作的房间。

亲切，总是笑脸迎人，主动找话题和人聊天。海明威常在午饭后来这里看书，她替他收邮件，借钱给他周转。后来他回忆道："在巴黎，没有谁比她对我更好了！"她也常帮助其他的作家，譬如乔伊斯的经典名作《尤利西斯》当年到处被出版公司拒绝，毕奇却十分赏识，在1922年出版了这部巨著，后来更替这本书找到在美国出版的机会。

海明威也在巴黎结识了三十六岁的埃兹拉·庞德。

那天在"莎士比亚书店"，他看到一个头发像乱草一样、蓄着山羊胡子、活像个流浪汉的家伙，懒洋洋地躺在书店一张座椅上翻书，脸上充满着叛逆的神情。他记得在格特鲁德·斯坦因家的派对中见过他，毕奇悄悄告诉他："那就是大诗人埃兹拉·庞德！"

海明威赶紧上前自我介绍，庞德看了他一眼，说："哦！你就是海明威？安德森跟我写信提起你，原来你已经到巴黎了！"他们接着聊了起来，谈得非常愉快，庞德邀他过几天去他家玩。

1922年，海明威到庞德家去拜访，吓了一跳，怎么大诗人庞德的家和格特鲁德·斯坦因的家竟有天渊之别！

他的家里冷飕飕的，墙上没有名画，只有几幅日本画和他太太的画作，家具简陋，都是庞德自己用木头做的，设备连海明威夫妇那间小公寓都不如。因为信奉社会主义，庞德和妻子身体力行，过着极端俭朴的生活。同时，他没有稳定的收入，有时在文学杂志社做事，有时又被解雇，可是他好像并不在意。

庞德知道海明威会打拳后，觉得十分有趣，于是开玩笑地对他说："你教我打拳，我教你写作。"海明威便把诗歌与短篇故事拿来请教，他看了以后说："写作要少用形容词，尽量用简洁的文字，表达涵义丰富的思想和情景。"他把海明威的诗作推荐给一家诗刊，可惜没被录用。海明威也果真教他打拳，庞德不是海明威的对手，每次都被打得落花流水，惨不忍睹。他们两人一谈到经济和政治问题，总是意见不合，辩论不休。

海明威是加拿大《多伦多明星报》的驻欧洲记者，每个星期三会到美国驻外地的记者俱乐部去探听最新的国际消息，然后写成新闻传回报社。那年4月，国际经济会议在热那亚召开，有三十四国参加，报社派海明威去采访。他看到意大利共产党人在街头游行，和法西斯分子起冲突，他也观察各国代表，用讽刺的文字描述他们，写了十五篇报道发表。

5月，他带哈德莉去意大利旅行，希望哈德莉看看他当年英勇受伤的战地斯基奥城。在他的记忆中，那里的风景优美如画，但是这次旧地重游，却让他很失望，因为连年战争，许多地方被破坏了，还没有修复。他们转往米兰，发现那里被一千多个反对共产党的年轻人占领了一整天，他们的领袖——墨索里尼① 正在米兰，海明威赶紧把握机会去采访他，写了一篇报道。在他笔下，墨索里尼并不像一般人说的那样野心勃勃，他身材高大，皮肤深褐，思维敏捷，看来像个读书人的样子。

11月，希腊和土耳其在瑞士洛桑举行和谈，海明威又被派去采访，那时他对墨索里尼的看法变了，认为他杀

---

① 墨索里尼当时三十多岁，是意大利法西斯党的领袖，于1922年至1943年担任首相，宣布法西斯党是唯一合法的政党。西班牙内战时，他帮助佛朗哥夺得政权，和德国纳粹密切合作，1939年出兵占领阿尔巴尼亚。1943年，意大利国王把他撤职并且软禁，希特勒救他脱逃，在意大利北部建立政府，两年后，被游击队杀死。

气腾腾，是欧洲最危险的人物。有一次在记者会上，墨索里尼坐在桌后，捧着一本书在读，顽皮的海明威悄悄走过去一看，原来他读的是一本外文字典，而且还拿倒了，海明威差点笑出声来。

1922 年 9 月，海明威被派往君士坦丁堡采访土耳其与希腊的战争。他这一生好像和战争特别有缘，由于记者的工作，他一直有机会亲自到战场去目睹战争的实际情况，感受特别强烈。

希腊和土耳其位于南欧，领土相连，在历史上是世仇，战争不断。罗马帝国统治希腊多年后衰亡，希腊接着被东罗马帝国，也就是拜占庭帝国统治了一千年。到了 1460 年，又被奥斯曼土耳其帝国吞并，统治了三百余年。1830 年，在欧洲列强的帮助下，希腊终于脱离了奥斯曼土耳其帝国的统治而独立。但是希腊与土耳其的战争并没有停止，例如后来又发生了 1897 年为争夺克里特岛而进行的第一次希土战争，1914 年的第一次世界大战，1921 年至 1922 年的第二次希土战争，以及断断续续、不曾停止的塞浦路斯之争。

海明威在报道中写道："君士坦丁堡本来是一座美丽的城市，如今却到处是穿着制服的士兵，到处有谣言，城里很嘈杂，不整洁，气候炎热，附近有许多丘陵地和斜坡。"不幸的是，他在那里得了疟疾，不能出外采访。没多久两国举行和谈，希腊割让领地给土耳其，而且军队要在三天内全部撤离。

海明威抱病跟随采访，一路上看到希腊的士兵们疲惫不堪、衣衫褴褛的样子，难民走在满是石头的小路上，被士兵追赶着前进，天下雨了，他们就用毯子蒙在头上，这幕景象深深印在他的脑海中，后来也成为他创作的题材。

这次采访之后，海明威转往瑞士洛桑，要哈德莉前来会面，一起滑雪度假。

哈德莉临行前，把海明威所有的稿件和副本都随身带着，以便他随时写作。但是在火车站等车时，装稿件的小行李箱却被人偷走了，哈德莉惊慌失措地坐车到了洛桑。当她把这个坏消息告诉海明威时，简直是泣不成声，她知道这些稿件是海明威最宝贵的东西，而她竟把它们弄丢了！海明威看到妻子如此伤心自责，也不忍心责备她，自

已跳上火车，急急忙忙赶回巴黎去寻找，希望还能找到一些零星的稿件，结果家里一件稿件也没剩下，他最近的心血都丢了，多么令人丧气！

但是东西已经丢了，又有什么办法呢？他们还是照原定计划去滑雪，尽量把丢掉稿子的事抛在脑后。幸运的是，在瑞士度假期间，海明威认识了一位编年度短篇小说选的作家兼编辑，海明威把带在身边的一篇短篇小说《我的老头儿》给他看，这位编辑认为很好，决定编入选集中。这段时间海明威又努力写了六篇短篇小说，希望能在文学杂志上发表。

自从到了欧洲后，海明威一直很希望去西班牙观光，尤其是看斗牛。他曾经和朋友到塞维尔看了一场斗牛，但总觉得不过瘾，希望能再去。格特鲁德·斯坦因听说了，告诉他说："到潘普洛纳去！这个城市在高原上，每年7月，有一星期的庆祝活动，在那里你可以看到西班牙所有的斗牛士，保证让你大开眼界，不虚此行！"

海明威听从了格特鲁德·斯坦因的建议。到达潘普洛纳后的第二天早上，他听到远方有轰隆如雷的声音，这声音逐渐由远而近，越来越大，他打开窗户，探出头一看，哇，不得了，这景象太棒了，他赶紧摇醒哈德莉。"快，快起来看！"他们见到一大群牛在铺满鹅卵石的巷子里狂奔，一大群年轻男子不怕死，竟然冲到牛群中间，和牛群赛跑，做出逃命的样子，那样子又滑稽又令人捏把冷汗，路旁挤满了看热闹的人群，高兴得大笑喝彩，等到牛群都跑到牛栏里去，人群才散。难怪有人把这个节日叫作"奔牛节"。

一星期的"奔牛节"每天便是这样开始的，然后人们到教堂望弥撒，下午则兴致勃勃地去斗牛场看斗牛，那里总有成千上万的观众，热闹极了。只见斗牛士穿着白色的服饰，挺肩缩腹，姿态英武，一手拿剑，一手拿红色披风，披在一根木棒上，使用各种招式挑动黑牛的怒气。当黑牛怒气冲冲地冲过来，斗牛士便不慌不忙、敏捷地避开，同时密切注意着牛的下一个动作，寻找机会把手中的剑刺入牛颈与肩骨之间，若不小心，他随时有被牛角刺死的可能。大约半个小时左右，黑牛终于被刺死，这时全场欢声雷动，观众的情绪沸腾到了极点。接着是下一个斗牛

士出场，表演另一场斗牛。

　　每个斗牛士都有自己的绝技和方式，每头牛也有自己不同的个性，所以每场斗牛赛都不一样，都值得一看。往往等到夜幕低垂时，观众们才意犹未尽地离开，到餐馆和酒吧去吃饭、喝酒、跳舞，通宵达旦。

　　海明威就这样深深地迷上了斗牛和斗牛士，回到巴黎后，写了几篇和看斗牛有关的小故事。后来他一生中又到西班牙去过许多次，有一次甚至还到斗牛场中去尝试斗牛的滋味。西班牙的斗牛场特别设计一种方法，在小牛的牛角上包了软物，让观众过过斗牛的瘾，却不会有生命危险。因此，当海明威挥舞着红披肩，看到牛向他冲过来时，他一点也不紧张，伸出手抓住牛角，一下子就把牛压倒在地上，那时刻，他真是得意极了。

　　回到巴黎后不久，他的第一本书《三个故事和十首诗》在巴黎出版了，格特鲁德·斯坦因帮他写了一篇书评。然后他们夫妻俩返回加拿大，因为哈德莉快要生产了。他继续替《多伦多明星报》工作，但是他常常要到外地出差，甚至在哈德莉快要分娩时，仍然要到纽约工作，

结果他还没回到家，儿子邦比便出生了。这样的工作环境
让他很不开心，而且也占去他创作的时间，他怀念巴黎，
决定搬回去。

4. 太阳升起了

1924 年 1 月，海明威和哈德莉带着邦比回到巴黎，住在一家锯木厂附近的公寓里，离格特鲁德·斯坦因家比较近。邦比在五个月大的时候受洗，格特鲁德·斯坦因成为邦比的教母。此时，海明威在巴黎的文学杂志《美洲评论》当副编辑，可是却没钱拿，唯一的好处是作品有机会刊登在《美洲评论》中。而哈德莉继承的那笔钱，也越来越少了，于是海明威便常到体育馆去和职业拳击手比赛，赚一点钱贴补家用。

无论环境如何艰难，他都不觉得苦，因为他已经找到了人生的目标，那就是写作，那是他生命中最重要的事情，什么事都挡不住他，什么障碍他都要除去。他随时观察周围的人、发生的事、游玩的地方，然后加进自己的想象，编织成故事写下来。但是由于他写的是身边的人和事，尽管在书中把人物改了名字，但是，那些被描写到的朋友一看就知道是写他们，觉得深受伤害。有时他也写文章嘲弄那些提拔过他的人，如舍伍德·安德森和格特鲁德·斯坦因，让人觉得他有点忘恩负义。海明威辩解说，这是他创作的方式，他喜欢写生活中印象深刻的事，尤其是对他自己伤害很深的事，这样才逼真。

这段时间他写了一系列相关的短篇小说，主人翁名叫尼克·亚当，其实就是他自己的化身。这些故事包括家庭中的问题、失恋、爱国主义、婚姻和参加第一次世界大战受伤的经验。他写得相当快，七个月内，写出九篇故事，譬如《大双心河》这一篇，表面上谈的是一个战后归来的年轻男孩的故事，但是文章里没提到战争，读故事的人却能体会到战争带来的影响和后果，这是一种不分时代和地域的共同经验。

这种写作手法是一种创新，他不直接写故事中最主要的事情，而是借着表面上一些不大相干的事件和对话，让读者自己领会作者要讲的是什么。就好像一座冰山一样，人们只看到上面的小部分，主要部分都埋在水底，要读者自己凭着蛛丝马迹去体会。后来人们称他这种写作手法为"冰山理论"。

以上这些短篇小说于1924年出版，书名为《在我们的时代里》，由舍伍德·安德森写序推荐，海明威的努力终于开花结果，太阳即将升起。

1925年，海明威和一位杰出的美国青年作家认识了，他就是当时年仅二十九岁的弗·司各特·菲茨杰拉德①。

1925年巴黎的五月，阳光灿烂，春风拂面，海明威在丁哥酒吧里和朋友喝酒谈天，有人过来和他们打招呼，他抬头看见一张陌生的面孔，此人身材高大，满头金色鬈发，带着孩子气的笑容，嘴巴宽宽的，额头高高的，一脸聪明相，眼神友善而敏感。他对海明威说："如果我猜得不错，你就是海明威吧？我是弗·司各特·菲茨杰拉德。"

海明威很高兴的站起身来欢迎："久仰了，你是《了

---

① 弗·司各特·菲茨杰拉德（1896—1940），美国作家。1920年他的第一本小说《人间天堂》出版，一举成名。1924年他搬往巴黎。他的经典之作《了不起的盖茨比》出版后，得到评论家极高的赞誉，奠定了他在现代美国文学史上的地位，成为20世纪20年代"爵士乐时代"的代言人和"迷惘的一代"的代表作家之一。

不起的盖茨比》的作者吧，坐下来和我们一起聊聊！"

菲茨杰拉德坐下来，喝着香槟酒，愉快而友善地对海明威说："我一直注意你的作品，我看过你的书《在我们的时代里》，这些以尼克·亚当为主角的短篇小说，写得真好。"他的赞美让海明威有点不好意思，海明威还没读过《了不起的盖茨比》，一句话都说不出来，回家后得赶快找来读了，下次才可以发表看法，何况这也是对作家的尊重啊！两位美国当代最杰出的青年作家在欧洲认识了，彼此留下良好的印象，开始了进一步的交往。

一日，海明威夫妇应邀到菲茨杰拉德家吃午饭，海明威这时已经看完了《了不起的盖茨比》，他对菲茨杰拉德的才华十分尊敬。他们讨论起这本书和菲茨杰拉德稍早发表的小说，交换对写作的看法。

他们两人都是对写作十分认真的年轻作家，对文学有独到的见解，所以这两对年轻夫妇经常来往，有时一起外出旅行。好胜的海明威暗暗把菲茨杰拉德当作较量的对象，希望有一天写出的作品能超越他。菲茨杰拉德那时已经是美国最著名的作家，前途光明，海明威远远不如他，但是菲茨杰拉德的酗酒和家庭问题，严重影响了他的文学创作，海明威却努力不懈，果然在十年内超越了菲茨杰拉德。

1926年海明威的第一部长篇小说《太阳照常升起》出版了。这本书的灵感主要来自他到西班牙看斗牛和第一次世界大战战场上的经验。书中的人物是一群去西班牙看斗牛狂欢作乐的年轻男女，他们原有的梦想都因为第一次世界大战而破灭了，所以他们不再顾忌什么道德约束，过着今宵有酒今宵醉的放荡生活，尽情酗酒，追求欢乐，也常常陷入自怜的情绪里。

海明威本来考虑把这本书命名为《迷惘的一代》，这是格特鲁德·斯坦因有一次形容他们这一代的年轻人说的一句话，后来还是决定改为《太阳照常升起》，因为这书名给人黑暗之后的一线希望。这本书对话生动，情节紧凑，人物个性栩栩如生，内容既浪漫又讥讽，打动了许多人的心，出版后立刻引起轰动。尤其是大学生们，更是疯狂。大学女生打扮成书中女主角布莱特的样子，许多美国年轻人，千里迢迢跑到巴黎的咖啡馆去体会书中的情景和心情，模仿海明威说话的方式。"迷惘的一代"从此成为海明威这个时代的人的代称，他们的共同之处是都经历过两次世界大战，偏离了父母传统的道德观，不知道该相信什么，所以他们放纵自己，喝酒、追求逸乐。海明威的梦实现了，他成了家喻户晓的作家。

这时候，他的个人生活也发生了变化。海明威夫妇的朋友中有一对姐妹，姐姐宝琳在巴黎的《时尚》杂志当编辑，她是阿肯色州人，毕业于著名的密苏里大学新闻系，个子娇小，服装考究，是有钱人家的女儿。起先她对海明威的印象很不好，觉得他态度粗鲁，不修边幅，胡子很长，衣服肮脏。为了当作家，他让妻子哈德莉过着这么艰苦的生活，她替哈德莉打抱不平，心疼她得忍受这样一个自私的丈夫！于是她和哈德莉成为好朋友，经常来往，有时替他们带孩子，和他们一起去滑雪或骑自行车。慢慢地她开始欣赏海明威对写作的执着，竟然爱上了他，海明威也被她的聪明伶俐和文学见解所吸引，爱上了她。

哈德莉发现后，心都碎了，她要他们分开一百天不见面，看海明威是否回心转意。宝琳回到纽约，海明威陷入

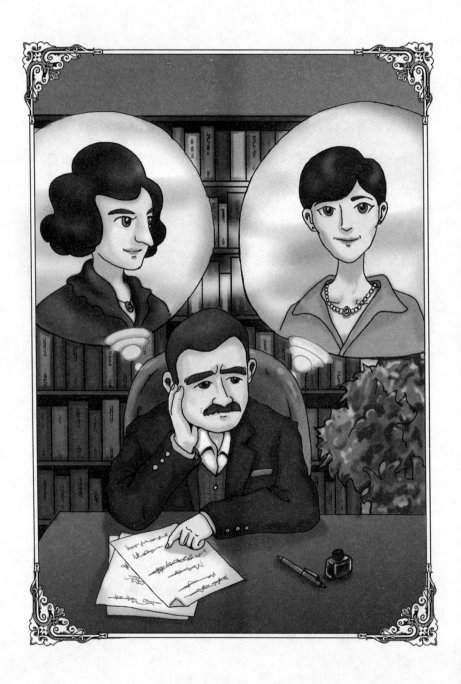

沮丧自责之中，经常失眠，他忘不了宝琳，但是又觉得对不起哈德莉，无法提出离婚。哈德莉看到这种情形，知道无法挽回了，她主动取消了一百天的约定，同意离婚。

1927 年海明威和宝琳结婚，隔年回到美国，他对巴黎不再留恋，他已经成名了，出版社和杂志再也不拒绝他的文章，但是他得罪了许多巴黎的朋友，格特鲁德·斯坦因已经和他绝交了。有了一个有钱的太太，他也不必再为金钱操心，而能专心写作了。

5. 到加勒比海，捕鱼去！

海明威希望找到一个安静的地方住下来，既可以专心写作，又可以放松自己。作家约翰·多斯·帕索斯①向他建议，西礁岛是个可以考虑的好地方，因为他曾经沿着一百二十英里的铁路线，一路搭便车，来到这里度假，简直美妙得像梦境似的。这个狭长的小岛位于佛罗里达州南边，有美国的"天涯海角"之称。

此地充满热带风情，空气中充满海洋咸湿的气息；婆娑的棕榈树和椰子树的枝叶随风摇曳；树丛里，色彩缤纷的鹦鹉不时传来呱呱的叫声。岛上英语和西班牙语并行，白人主要是铁路工人，来自佛罗里达州；还有一批捕鲸人

---

① 约翰·多斯·帕索斯（1896—1970），美国小说家。根据亲身经历写成的《三个士兵》是他第一部有影响力的小说，也是最早反映美国青年一代厌战和迷惘情绪的作品。

来自北方；其他居民来自巴哈马群岛，有各色人种，说西班牙语的古巴人有的在雪茄工厂工作，有的靠捕鱼维生。至于房屋建筑则是希腊与哥特式的混合，再加上露天凉台。这里生活悠闲，是渔人的天堂，海明威夫妇租了房子住下来。

宝琳非常尊重海明威的写作，她处理一切杂务和家事，让他安心创作。每天早上海明威通常在家中专心写作，下午则出去钓鱼，或到街上的小店里和当地人喝酒聊天。海明威特别喜欢一家叫作邋遢乔的小酒吧，不久就和店主成为好朋友。在这里他有机会观察渔民的生活，熟悉他们的语言，听到许多渔民的真实故事。

每天下午，他到海边的长桥或码头上钓鱼，那里有各种鱼类是北方的溪流中所没有的，起初他觉得很新奇，但是渐渐觉得不过瘾了，他看到不少渔船出海去钓鱼，很希望也能尝尝那种乘风破浪的滋味，一定很棒！有人介绍他认识了钓鱼高手查尔斯·汤姆森，他是一个商人，有一艘十八英尺长的汽艇。每天接近黄昏的时候，汤姆森关了店门，他们便一起乘着汽艇出海捕鱼去。

汤姆森真是个好老师，他教海明威使用钓具、装船索，怎样准备鱼饵，怎样引诱鱼儿上钩，如何辨识钓起来的各种鱼类。海中有梭鱼、鲨鱼、鳐鱼，上岸以后，他们把可以食用的鱼拿到市场去卖，贴补汽油和鱼饵的花费，海明威发现到海上钓鱼既刺激又过瘾，他希望不久以后，能和汤姆森较量一下，看看是否会青出于蓝。

之后他又认识了另一个钓鱼的好伙伴艾迪·桑得斯，人称"布拉船长"。他四十二岁，是西礁岛最受人尊敬的出租船只的船长，他对附近海域都很熟悉，也是在墨西哥湾流中捕鱼的高手。有个周末，海明威和汤姆森请布拉船长带他们到另一组礁岩群岛去捕鱼，他们捕到许多鱼，在布拉船长的指导下，海明威捕到一条大旗鱼，这是他生平第一次抓到这么大的鱼，真是兴奋极了。他如饥似渴，不断地向布拉船长请教从捕鱼到煮鱼的各种知识，从此迷上了深海捕鱼。

他急于与人分享这份喜悦，写信给其他地方的好朋友，邀他们到西礁岛来钓鱼。他邀请的朋友包括出版编辑麦克斯威尔·柏金斯、作家帕索斯等人。海明威与这些朋友和汤姆森及布拉船长共同成立了一个俱乐部，一起出海捕鱼，在酒店喝酒聊天。此后，他们每年都聚会一次，西礁岛的人都知道他们。

就在一切都很顺利的时候，一件家庭悲剧发生了，海明威的父亲竟然自杀了！海明威非常震惊、悲伤，他和父亲感情很好，父亲一向鼓励他要有积极正面的人生观，他做梦也想不到父亲竟然会结束自己的生命。海明威的爸爸有严重的抑郁症，那几年他的健康情形不好，财务上有些烦心的事，他觉得活着没什么意思，有一天中午回家，他便在卧房内开枪自杀了。这件事对海明威造成很深的影响。

当时海明威已经完成《永别了，武器》这部长篇小说的初稿，于是全力投入改写的工作，转移这件家庭悲剧带给他的巨大忧伤。这部小说的背景是第一次世界大战的欧洲战场，男主角是一个开救护车的美国年轻人，女主角是英国护士。他们的爱情结局是一个悲剧，女主角难产而死，故事灵感来源就是他自己和艾格尼丝的那段初恋。

这本书在 1929 年出版后，成为畅销书，后来还被拍成电影，由当时最红的明星加里·库珀和海伦·海丝主演，上映后非常轰动。这本书不只是一部罗曼史，还是一本探讨战争的小说。海明威觉得世界是不公平的，往往是那些好人命运不济，在战场上死去，他因此质疑战争的必要。

成名也为他带来了一些困扰，有人伪装是他，在书店替他的书签名。有人跑来试探他有多么强壮勇敢，结果被他一拳打了出去，消息上了报纸，更加深了人们认为他强悍的印象，令他啼笑皆非。他只是用丰富的想象力创造小说，却有很多读者以为他就是书中的男主角，认为那些英勇事迹是海明威做的。其实他的战场经验只有一个月而已，可见他写得多么逼真！

宝琳知道她的丈夫喜欢西礁岛的生活，于是她开始找房子准备定居了。她的家境富裕，还有一个非常疼爱她的叔叔，早就要他们物色一栋房子，由他出钱买下送给他们。

1931 年，他们选中了白头街 907 号这栋房子，房子很大，后面有游泳池，周围环绕着棕榈树与榕树，房子墙壁是石头砌成的，绿色的圆窗，冬暖夏凉，海明威成家十年后，第一次有了自己的房子。

海明威喜欢猫，他养了许多猫，其中有些猫是六只脚趾的，在房子的第一层楼，这些好命的猫各有自己吃饭睡觉的窝，还有一个走道，直接通向主人的卧房。海明威的书房在房子后面，比较安静，可以不受打扰地写作。①

这段时期，正值美国经济大萧条，但是他们丝毫不受影响，过着富裕安定的生活。他专心创作，十年间新作品源源不绝，但并不是每本书都成功，譬如《午后之死》，谈斗牛和斗牛士的故事，介绍西班牙的城镇和文化，出版后没有引起注意，书评也不太好，大家比较喜欢他的小说创作。他一向很在意别人的批评，但是这次他不怎么介意，因为他对斗牛深深着迷，认为这是一种艺术，需要某种技巧、情绪和勇气才办得到，斗牛士常面对死亡的威胁，却那么从容不迫，让他深深敬佩。

除了斗牛外，他对钓鱼也很着迷，1934年他花了

---

① 现在，这栋房子成为海明威纪念馆，你去参观的话，还可以在庭院和长廊上看到六趾猫的后代懒洋洋地晒太阳呢！

七万五千美元，买了一艘三十八英尺长的双引擎钓鱼船，船舱容得下八个人，船只取名为皮拉尔号，这是西班牙天主教一个圣人的名字，也是他对宝琳的昵称，后来他写《丧钟为谁而鸣》时，安排了一个重要的角色也叫"皮拉尔"。他找到一位很好的船长当皮拉尔号的驾驶，经常邀请朋友一起出海钓鱼，有时从西礁岛到古巴去，全程大约二十六小时，有时他也在船上写作。他一直记得父亲的教训，不杀不准备食用的动物，所以他往往和钓来的鱼照一张合照后，便把鱼肉分给在码头等候的古巴人。他的钓鱼技术越来越好，有时钓到三百多磅的巨大马林鱼，碰上鱼很倔强，不肯就范，海明威往往比它更倔强，缠斗到底，直到大鱼累了放弃为止。

6. 到非洲，狩猎去！

　　海明威对于刺激的户外运动特别容易着迷，除了深海钓鱼外，他也喜欢打猎。每年夏天，他们一家离开湿热的南方，开车到北部的怀俄明州和蒙大拿州去避暑，住在靠近黄石公园的木屋里，那里风景如画，他除了写作，就是打猎和钓鱼。他和宝琳骑着马，来到山谷间的溪水旁边，在这里钓鱼是另一种情调，没有颠簸的巨浪、咸湿的空气，只有凉爽的山风、潺潺的流水。有时候也让孩子们参加，但是规定他们必须安静，免得把鳟鱼吓跑了。

　　他们也打猎，猎物大都是飞鸟和麋鹿，偶尔也有大熊。但是这已经满足不了海明威的胃口，他是个天生的探险家，向往非洲宽阔的大草原，那里有成群的狮子、斑马、野豹奔跑，充满了原始的气息，也充满了危险的挑战。他想要去非洲游猎，那才是真正的打猎。

游猎是指 19 世纪末兴起的一种长程的打猎旅行，地点在非洲，当时是欧洲贵族和美国有钱人才玩得起的一种打猎活动。这种狩猎不是拿着枪，开着车，随便到原野上去射杀野兽，一则这样做非常危险，二则当地政府也要保护野兽不被滥杀，以免绝种，所以有各种规则需要遵守。

这种狩猎有时长达两三个月，事先需要周全的准备，而且要雇用不少人跟着，这些人包括白人猎手、追踪手、挑行李的人、背枪的人、厨师、标本剥制师、照相师等等。白人猎手是其中最重要的人物，是这支狩猎队伍的领队，大家都得听他的。他负责安排一切行程，根据客户希望打哪类野兽而选择去哪个营区，先预约位置，购买枪支配备，还要向当地政府申请打猎的执照。追踪手也很重要，他可以从地上的蛛丝马迹，判断有没有他们要猎取的猎物。可见游猎是非常昂贵的一种户外运动。

1933 年，海明威的梦想成真了，宝琳的伯父送给他们一份大礼物，负担他们去非洲游猎的全部费用，大约两万五千元美金，这在当时是一笔相当大数目的金钱。海明威先到纽约去拜访有名的驯兽师，向他请教如何驯服狮子，可见他对这次旅行有多么认真。旅行长达三个月之久，宝琳找人照顾他们的两个小儿子，然后陪着海明威去非洲打猎。除了他们以外，还有海明威钓鱼的好伙伴汤姆森一起去。

他们在 8 月初出发，先到巴黎和西班牙游玩，发现这些地方和记忆中的不同了，巴黎不再优雅如诗，到处是从纳粹德国逃出来的难民，西班牙的政局不稳，经常有人罢工闹事，经济萧条，内战随时会发生，影响了他们看斗牛的心情。11 月初，他们终于坐船从欧洲到达东非，见到了白人猎手菲利普·珀西瓦尔。

珀西瓦尔曾参加过第一次世界大战，是英国情报单位的工作人员。美国罗斯福总统到非洲狩猎时，就是由他担任向导，罗斯福总统对他大为赞美，说他是最好的向导和猎狮高手。

他们在当地土人中找了机械师、驾驶、背枪夫、挑夫和跑腿的人，一行人浩浩荡荡带着大大小小的行李、枪支、食物和啤酒，开着两辆卡车，开始游猎。

在坦桑尼亚的原野上，海明威看到无数的斑马、豹、狮子出没奔驰,不时还有狮子追赶大群野兽的壮观场面。每天晚上,他们升起营火,烧烤捕来的猎物,听珀西瓦尔谈非洲的文化、神秘的传说和当地的奇风异俗。

后来海明威得了痢疾,他还舍不得离开,直到体重急速下降,才不得不到肯尼亚去接受医治。那里交通不便,等了两天,飞机才来到。在旅途中,他经过非洲最高的山乞力马扎罗山,山顶有皑皑积雪,远望闪闪发光,漂亮极了,一个小说的题材开始在他脑海中酝酿。

他康复以后,又迫不及待回到游猎营区。这次珀西瓦尔带他们到另一个营区去打猎。

这次旅行,海明威增加了许多不寻常的生活经验,不但满足了他对冒险行动的追求,也刺激了他的写作灵感。回家后,他开始写作《非洲的青山》这本书,于1935年出版。这不是一本小说,而是一些描述非洲的风景、文化和野生动物的文章,加上一些他对当代作家的评论。书评家和读者的反应都不太好,大大不如那篇以非洲为背景的短篇小说《乞力马扎罗的雪》。这是根据他在雪山下等飞机去治疗痢疾的那段经历写的,是他最成功的短篇小说,

后来被拍成电影上映。

1935年冬天的一个下午，海明威照例在邋遢乔喝酒聊天，消磨时光，有三个陌生人走进店里，一位五十多岁的妇人，和两位二十多岁的青年男女，一看就知道是外地来的观光客。年轻的女郎身材修长，穿着黑色的衣服，头发齐肩，长得很漂亮，很有自信的样子。她进门后，不经意的看到一位穿着短裤凉鞋、一头黑发、皮肤泛红、有一对酒窝的中年男子，觉得很面熟，突然她想起来了，探问道："请问你是大作家海明威吗？"

海明威连忙起身让座："我就是海明威，请问芳名？"

女子说："我叫玛莎·盖尔霍恩，这位是我母亲，那位是我的弟弟，我们是从圣路易来迈阿密观光的，刚刚心血来潮，搭上公交车来这里逛逛，没想到遇上大作家，我可是你的书迷喔！"

原来她是《科里尔周刊》的记者，也是一位作家，当时才二十七岁，已经出版了两本小说。她说的没错，她是海明威的书迷，在她第一本小说《狂热的追求》的卷首，就引用了海明威的句子。9月，她刚刚出版了一本短篇小说集，正在创作第三本小说。整个下午她一直虚心请教海明威有关写作的问题，海明威和她谈得很愉快。

玛莎的父亲是医生，母亲是学音乐的，和海明威的家庭背景很接近。她非常喜欢新闻工作，她说："我喜欢亲自采访第一手的消息，包括战争，绝不假手他人。我相信男人能做的事，我也能做。"

海明威听呆了，看不出这位年轻的金发女郎，不但聪明漂亮，竟然还这么勇敢，和他认识的其他女人太不一样了。于是他自愿当向导，陪同他们在岛上观光，还邀请他们到家里去玩。后来，玛莎的妈妈和弟弟先回圣路易，玛莎则决定要在西礁岛多停留一个月，海明威天天陪着她到处观光。海明威的太太宝琳看在眼里，表面上不动声色，但是开始担心婚姻要出问题了。

7. 到西班牙和中国，采访去！

　　西班牙内战是第二次世界大战的先声，那时候德国纳粹、共产主义和法西斯三种政治体制兴起，在欧洲竞争，西班牙成为他们试验和争夺的场地。1931年春天，经过几年的纷扰和罢工，西班牙举行大选，结果国会席次中，左派的共产主义与右派的德国纳粹和法西斯各占一半，时局万分紧张，为了避免内战，顾全大局，西班牙国王阿方索十三世选择放弃王位，自动流亡国外，共和政府于4月间成立。

　　这个共和政府是共产党与社会主义党联合组成的，背后有俄国支持，在统治的最初两年，西班牙还是经常闹罢工，政治没能上轨道，于是1933年西班牙再度举行大选，这次右派占了多数席次，重新掌权。1936年2月，另一次大选中，左派以少数票险胜，政权又回到他们手中。五个月后，右派一个重要人物被刺杀，佛朗哥将军在德国纳粹和意大利墨索里尼的支持下，回到马德里，发动军事革命，准备推翻左派的共和政府，于是内战开始了。

　　1931年海明威曾经到西班牙去，预言内战免不了，可能在1935年发生。他对西班牙有很深的感情，就好像是自己的第二故乡一样，1936年内战果然爆发，他表明立场，支持西班牙的共和政府。在美国，他写文章和演讲，替共和军募款，买了救护车运往西班牙。1937年，他义不容辞地接受了北美报业联盟的邀请，担任战地记者，前往西班牙采访内战新闻。同时，有一家制片公司准备拍西班牙内战的纪录片，也请海明威撰写电影旁白，于是他就带着这么多任务，出发到马德里去了。

　　在马德里他又见到了玛莎，她是《科里尔周刊》的战地特派员。去年她离开西礁岛以后，海明威和她一直保持通信联络，这次在战地重逢，彼此更觉得亲切，常常一起外出采访新闻。

　　玛莎是一位观察敏锐、思想独立的记者，能分辨什么消息是官方宣传，什么是真相，她的报道比较接近事实真相，主要是因为这些消息都是她亲身采访得来的一手资料。海明威是作家，他的报道常偏重描写战争的残酷，由于他的高知名度，六十多家美国报纸杂志，如《纽约时报》《洛杉矶时报》《时代杂志》都竞相刊登他的报道，但是他在政治上十分天真，常被人蒙蔽，拒绝面对真相。

在采访过程中，海明威亲眼看到玛莎的勇敢敬业。她常常在枪林弹雨中跑到最前线去采访，一点也不害怕，让海明威印象深刻。当时外国记者们都住在首都马德里的旅馆中，那里情况十分危险，有一次旅馆被炸弹轰炸，海明威第一个想到的就是玛莎的安全，他奋不顾身地跑去救她。长达两年的战地采访中，他们经常有机会碰面，在这种生命常处于危险的情况下，海明威和玛莎相爱了。

1939年初，西班牙内战结束，佛朗哥获胜，海明威回到西礁岛，宝琳知道他们的婚姻发生问题了，当年她带给海明威第一任太太哈德莉的伤害，现在要由另外一个女人来惩罚她了。她感到非常痛苦，但是并没有立刻离婚，

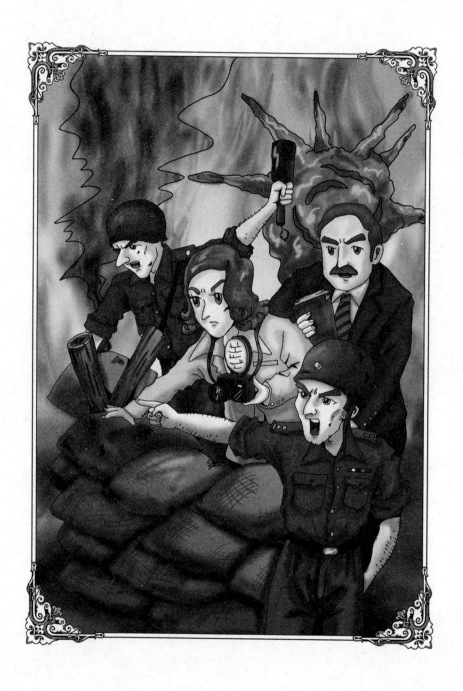

她希望海明威只是一时的意乱情迷。

海明威开始全力投入写作下一部小说《丧钟为谁而鸣》，以西班牙内战为背景。这是他作品中最长最复杂的一部。这本书在1940年出版后，再次轰动全国，六个月内销售了五十万本，是自从1936年米切尔夫人的《飘》出版以后全美最畅销的书。海明威送了一本给菲茨杰拉德，他回信极力赞扬，自叹不如。一个月后，传来一个惊人的消息，菲茨杰拉德心脏病突发，在四十四岁的英年早逝了，美国失去了一颗文坛巨星。

1940年底，海明威和宝琳离婚，与玛莎结婚了。他们住在古巴哈瓦那的瞭望山庄。这栋房子是玛莎找的，地点很好，离哈瓦那市区只有几里路之远，坐落在一座小山上，可以看到蔚蓝的海水和城市夜晚的灯光。海明威最先不同意住在这里，他喜欢热闹，希望住在城里，而且这栋房子很破旧，一点也不吸引人。玛莎趁他出海钓鱼的时候，找工人来整修一番，房子四周种满了鲜艳的花朵，外围被棕榈树和芒果树围绕，大门前有一棵一百多年的老树，房子后面还有重新修理过的网球场和游泳池。海明威回来看到房子焕然一新，同意租下，后来干脆买下，在这里住了二十年。

瞭望山庄非常安静，他们夫妻便在这里专心写作，下午海明威依然按照老习惯出海去钓鱼。海明威有一条大黑狗，他写作时，大黑狗一直陪伴在他身旁。他有一张豪华的大书桌，却不在上面写作，书桌上总是摊着许多书报杂志，他喜欢站在工作台前写作，台上有一台打字机，他一边看手稿，一边打字。每天早上他有规律地写作，然后在一个图表上记下当天所写的字数，如果没达到预定的目标，第二天他就设法赶上。

当时玛莎正在写第三本小说，海明威常指导她写作的技巧。那天他们正在讨论写作的技巧，海明威的大黑狗慵懒地躺在他身边，他一边抚摸着大黑狗，一边看玛莎写的一些片段，然后说："写作时不要思考过多，想到什么就顺着思想在纸上写下来，然后再大量修改，那时候就要舍得删除不好的段落。"

玛莎频频点头，这确实是海明威的写作方式，他非常重视改写，有时候花了七个月写的小说，他要花五个月来改写，有时候改写一两百遍才满意。玛莎为了写这本书到过德国，后来因为纳粹掌权，她就回来了。这本书的资料基本上已经齐全了，只剩下如何写了，她希望在海明威的指导下，这本书出版后也能成为畅销书。

这时候，她听到外面有石子敲打树干的声音，大黑狗汪汪地吠起来，他们往窗外一看，只见墙外头一群古巴孩子嘻嘻哈哈，正在丢石头打芒果树上的芒果，树叶和青芒果掉了一地。他们一走出去，孩子们便一哄而散，海明威逮住一个年纪最小的孩子，用西班牙语问他："你们为什么要丢石头？"

那小朋友几乎要哭了，结结巴巴地说："我们不是要偷吃芒果，是为了练习打棒球。"海明威笑起来，这理由很奇怪，姑且相信吧，他说："我不在乎你们拿走芒果，但是却不希望你们伤害我的芒果树。如果是为了练习打棒球，我可以送给你们球棒、球衣和棒球，以后不要再打我的树了，好吗？"

小孩子喜出望外，一溜烟跑回去告诉球队这个好消息，不久后，海明威果然送给他们一人一套球衣、球棒与

棒球，他们的教练为了感谢海明威的慷慨，就把球队取名为"奇奇明星队"，奇奇是海明威最小儿子格雷戈里的小名。当地的古巴人因此很敬爱海明威。

1939年第二次世界大战爆发，导火线是第一次世界大战后的《凡尔赛和约》。和约中把战争的责任完全推给德国，德国根本付不起巨额的赔偿金，还要割地给波兰，使德国领土分裂，德国人心不服，希特勒趁机煽动德国人的爱国情绪，大规模整军经武，企图征服欧洲。

9月，德国进攻波兰，势如破竹，到了第二年6月，已经占领了波兰、丹麦、比利时、卢森堡、荷兰、挪威与法国，意大利宣布与德国结盟，希腊和北非也卷入战争，德军开始进攻苏联。这时，日本也正在太平洋地区侵略中国，以及东南亚许多国家和地区，包括菲律宾、新加坡、中国香港、泰国等，更于1941年偷袭夏威夷珍珠港。美国本来持中立的态度，这时群情激愤，于是，美国政府宣布参加第二次世界大战。德国、意大利和日本成立轴心国，英国、中国、美国和苏联成立同盟国，全世界其他国家也纷纷加入。

1942 年，盟军开始反败为胜，在北非和苏联及太平洋地区制止了轴心国的攻势，1943 年登陆意大利，1944年登陆法国，1945 年进入德国，5 月德国投降，美国在日本投下两颗原子弹，日本终于在 1945 年 9 月投降。

这次世界大战比第一次世界大战伤亡更惨重，因为遭到战火波及的地区更广泛，武器更精密，杀伤力更大，再加上使用了原子弹，全球战死的军人超过一千七百万人，还有无法计算的平民老百姓。战后，世界的局势改观了，欧洲没落，美国和苏联两个强权兴起。

这场史无前例的惨烈战争，海明威和玛莎岂能错过采访的机会？玛莎于 1941 年 1 月向《科里尔周刊》提议到"远东"采访，杂志社同意了。玛莎很兴奋地邀海明威一起去，海明威喜欢冒险，于是答应同去。

美国政府知道以后，立即和他连络，要他替美国政府写一些调查报告，纽约一家报纸也请他写一系列报道，海明威都答应了。

他们于 2 月间搭船到夏威夷，再搭飞机抵达中国香港，在那里停留了一个月。在香港，他们住在铜锣湾的豪华旅馆中，到处是好吃的餐馆，人们丰衣足食，跑马场照常赛马，足球赛、橄榄球赛经常举行，丝毫看不出战争的痕迹，很难相信中日战争已经持续四年。

他们设法和各方人士交谈，以了解中国战局。结果认识了一位英国人，他会说流利的广东话，当过孙中山先生的保镖和广东省的警察厅长，对中国的情形知道得很详细，还介绍海明威夫妇认识孙中山先生的遗孀宋庆龄。

3月初，他们乘飞机从香港到广东，然后搭汽车，风尘仆仆地到了韶关第七战区。他们选择第七战区，主要是因为当时他们正在和日本精锐部队作战，海明威和玛莎准备对这个部队从上至下，做一系列的采访报道。第七战区司令亲自接待，并为他们详细分析军事情势。

在这一个月内，他们跟着部队生活，对于第七战区的印象是，防御能力很强，生活条件极差，医疗设备也极差，但是士兵都能吃苦耐劳。

不久之后，他们坐飞机前往重庆。重庆是山城，每年9月到隔年3月是雾季，能见度很低，日机轰炸较少，但是处处都可以看到被飞机轰炸的痕迹，这里的物质条件比前线韶关好多了，海明威夫妇可以好好洗个热水澡了。

海明威夫妇到成都参观军校，看到十分现代化的设备，飞快的办事效率，严格的军事纪律。4月中旬，海明威夫妇结束访问，离开成都前往缅甸。他们先乘飞机去昆明，那里每天都遭日机轰炸，许多桥梁被炸毁，可是勤奋的中国人好像不知道劳累，迅速地修复，以便恢复交通，令他印象深刻。

他们经过滇缅公路安然抵达仰光，再转机到香港。玛莎继续飞往雅加达与马尼拉采访，海明威则回到美国。回去以后，海明威写了六篇关于中国抗日战争的报道发表，也写给美国政府一份国共关系的详细报告。他写完了报道，一人住在家中，感到十分寂寞，心中想着玛莎什么时候才回来呢？她为什么把工作看得比他还重要呢？

8. 是谁先进了巴黎?

海明威和玛莎都是个性很强的人，最初他们相处得还不错，但是，后来问题却慢慢浮现。玛莎非常看重自己的事业，不像海明威以前的两位太太那样，完全牺牲自我，把海明威放在第一位。她酷爱记者工作，常常到世界各地采访重要新闻，把海明威一人留在古巴的家中。他觉得又寂寞又委屈，她回家后，他就大发脾气。她很爱干净，但海明威带回家来的朋友，总是穿着随便，吵吵闹闹，饮酒作乐，把家里弄得一团糟。

1941年12月，美国宣布加入第二次世界大战，玛莎希望前往欧洲战场采访，邀请海明威一同前去，就像他们当年一起采访西班牙内战、中国抗日战争一样，但是出乎她意料，这次他却拒绝了。他说宁愿留在古巴，在这里一样可以参与世界大战。他想出一个怪招，向美国政府提议，在古巴成立反情报单位，让纳粹在古巴的间谍曝光，结果居然被批准了。他招募了六个全职的情报员和二十个间谍，这些人都是古巴黑社会的赌徒和流氓，取名为"恶棍工厂"。一年后，他厌倦了，又想出另一个怪招。

在一望无际碧蓝的加勒比海上，有一艘捕鱼船从早到晚经常出现，船上有个大胡子美国人，像指挥官似的，用西班牙语指挥着一群古巴人，他们看起来都像是渔夫，但是却不打鱼，只是四处张望着，好像在等待着什么东西出现。有时候远方出现一点影子，他们就神经兮兮，大呼小叫，瞎忙一阵，好像要应付海盗似的。船上装载的东西也不寻常，除了喝的水和钓来充当食物的鱼儿外，只有机关枪和手榴弹等军用危险品。原来，这是海明威和他的侦测队在古巴海域巡逻！

他向美国政府建议，他有一艘渔船皮拉尔号，可以帮美国侦测德国潜艇，当德国潜艇浮出水面时，他们就丢手榴弹去炸毁潜艇。这种天真的构想一般是不会被官方接受的，但是他那么热心，又是著名作家，美国政府答应了，提供他武器和费用。于是海明威找了一些古巴渔民和他的两个小儿子一起上皮拉尔号，天天出海，注意海面上有没有德国军舰出现。实在无聊了，就练习丢手榴弹，就像他小时候玩打仗游戏似的。在海上巡逻了两年，什么事也没发生。

1944 年初，玛莎从战地回家，海明威对她大发脾气，告诉她，他改变主意了，要去战场采访。当时许多报纸和通讯社都抢着给他机会，但是他偏偏挑选了玛莎工作的《科里尔周刊》，由于每家媒体只能有一名战地记者，玛莎的工作就被海明威挤掉了。她非常生气，但是仍然不屈不挠，准备去前线采访，他们到了纽约，海明威搭乘一架专门为他准备的飞机前往欧洲，也不邀请自己的太太玛莎同机，结果玛莎只好搭上一艘运送炸弹的货船前往欧洲，提心吊胆了十七天才到达伦敦。

她一上岸，立刻就被记者们围住了，问她对海明威的车祸有什么看法，原来海明威醉酒驾车出了车祸，头撞上了挡风玻璃，头皮缝了五十几针，膝盖也受伤了，玛莎一点也不知道。她赶到医院去看海明威，发现他的病房里满地空酒瓶，满屋子酒臭味，她火了，心想八成又是他那群酒友违反医院的规定，偷偷运进来给他喝的。她忍无可忍，对他说他们的婚姻就此结束了。这还是第一次有女人主动跟他分手，但是海明威并不伤心，因为他到了伦敦后，已经主动追求《时代杂志》的记者玛丽·威尔什，第二次见面时便向她求婚了。玛莎没注意到，病房的桌子上摆了一瓶鲜花，那是玛丽来探病时送给海明威的。

这时候，海明威最关心的是，他是否能在联军进攻法国时出院，到现场去采访。他不顾一切在6月6日联军诺曼底登陆那天，搭上运输船到前线，后来他夸口说，如果不是他仔细研究过当地的地形，提供建议给当地的指挥官，联军根本找不到进攻的海滩。他又说，他和军队一起上岸，按理说战地记者是不准这样做的。他最不服气的是，玛莎竟然在他之前到达法国，而且在6月7日登上红十字会的船，在上面照料伤兵，并且采访新闻。

由于他头部的伤还没有痊愈，所以直到7月底才加入军队，不久后又发生了一次车祸，头部和肾脏受伤，真是祸不单行。有好几个月的时间，他经常头疼、视力模糊、耳鸣、说话缓慢。但是他还是非常希望参与战事，密切注意战事的发展。

当他听到联军宣布准备在 8 月份收复巴黎时，便迫不及待坐着巴顿将军为他准备的吉普车南下，他希望探听到底是哪个部队负责光复巴黎，他就设法跟进。在巴黎南方三十里的小镇，据说德国军队埋了地雷，海明威领了一个八人巡逻小组去巡察，没有发现德国军队，但是听到当地人说不远处有八百多名德军，还有大炮及坦克车，于是他们铺设地雷防止敌人反扑。他替侦查队争取到更多的武器装备，并且在一家旅店租了两间房当作指挥部，与法国游击队联系。由于联合国日内瓦会议规定战地记者不能携带武器，海明威要求当地的指挥官给他一个任命，证明他有权指挥游击队，于是他开始在郊区巡逻了。

不久，联军宣布光复巴黎的任务交给法国勒克莱尔将军属下的第二装甲师，大批记者纷纷来到这里采访。记者们发现海明威早已到了，正率领着一个游击队在巡逻呢！他是战地记者，不戴记者徽章，也不给通讯社发稿子，他的房间墙壁上贴着军事地图，处处放着地雷、步枪、手榴弹和手枪，简直像军火库一样，他们大声抗议，说海明威

严重违反日内瓦会议的规定，他却不当一回事。

他继续和游击队在这个小镇巡逻，他是天生的游击队员，十分勇敢，善于收集各种情报资料，也预先做好随时被突击的准备，所以越来越多的人加入他的游击队伍，他也得到军方配给的步枪与手榴弹。他们的主要任务是提供巴黎和乡村之间的情报给勒克莱尔将军。

8月24日上午，法国第二装甲师开始向巴黎进军，一大早，海明威带着游击队走小路，轻易超越勒克莱尔将军缓慢移动的坦克车部队，沿着曲折的公路前进，一路上没有遇到什么危险，顺利抵达巴黎。法国军队也因为美国提供的情报，避开危险地区，随后到达。巴黎的道路上除了横倒的大树、被抛弃的车辆等路障外，只有德军堆积的弹药正在燃烧，不时发出爆炸声。巴黎市民已经知道法军进城了，街道两旁的住家纷纷悬挂国旗，人们跑出来欢呼，虽然偶尔还有一些小规模的德军在做最后的抵抗，但是巴黎已经光复在望了。

有关海明威进入巴黎的传言很多，有人说历史上记载解放巴黎的是勒克莱尔，事实上，海明威和他的一群手下比勒克莱尔还早一步进入巴黎。当勒克莱尔进城的时候，他看到一家教堂的门口贴着标语，说这是"海明威的财产"。真正能够证实的是，海明威穿着军服来到"莎士比亚书店"和老朋友们见面，巴黎被占领的期间，书店关门了，现在巴黎解放了，他和毕奇高兴合影，并且在以前送给毕奇的书上再度签名，写下1944年8月的日期，法国报纸特别刊登这则消息和照片，宣称他是"刀枪不入的英雄"。

正在他得意洋洋的时候，传来了战地记者们控告他的消息，他们说他违反联合国日内瓦会议的规定，以战地记者的身份，携带武器上战场。他必须上法庭交代，从1944年8月18日至25日，他在巴黎郊外的小镇究竟从事哪些活动，他房间里那些反坦克手榴弹、地雷、反坦克火箭炮和各种小型武器又作何解释，房间墙上挂着地图也很可疑。如果罪名成立，他有可能被取消战地记者资格，遣返美国，那可是大大没面子的事。

第二天，海明威答辩说，他不是故意不戴战地记者的徽章，而是因为天气太热，他脱下别了战地记者徽章的外衣，至于墙上挂了地图和参加巡逻，都是为了收集资料，以便替杂志社写文章，而房间里存放武器弹药，是为了提供游击队员方便，可以快速采取行动，最后他说，他的任务只是把联军的消息传给法国游击队，因为他会说法语。不久以后，案件审理完毕，军方宣布他无罪，让他继续留在欧洲战场采访。

9. 亲爱的，我得到那东西了！

1945 年，第二次世界大战结束，德国的暴君希特勒自杀而死，意大利的独裁者墨索里尼被处决，美国在日本投下两颗原子弹，日本无条件投降，侵略中国的十四年战争终于结束，世界恢复了和平。

这时候，许多文学大师也相继去世，如格特鲁德·斯坦因、舍伍德·安德森、乔伊斯、菲茨杰拉德、弗吉尼亚·伍尔芙等，诗人庞德则被美国政府关起来了。海明威回到古巴，继续过以前的日子，喝酒、钓鱼，他以前参加第一次世界大战时，写出《永别了，武器》和《太阳照常升起》两部杰出的小说，参加西班牙内战后，又写出《丧钟为谁而鸣》这部杰作。第二次世界大战时，他当战地记者，搞得轰轰烈烈，参加游击队，还获得美国政府颁发的铜质勋章，读者都在等待他写出和这次战争有关的小说，但是等了好久，却没看见新作品问世。年轻的作家们试着用新的技巧来传达第二次世界大战带来的影响，这个蓄着络腮胡，被大家昵称为"爸爸海明威"的文学家好像已经和新的文学潮流脱节了。

1945年玛莎和他离婚了，第二年他和玛丽结婚，他在古巴的瞭望山庄有了新的女主人。玛丽把这里好好整理一番，布置得舒适漂亮，她喜欢热闹，常常开宴会邀请朋友来玩。虽然她有时候也不能忍受海明威的唯我独尊和坏脾气，但是她决定顺从他，做他的好伴侣，好好照顾他。

1948年，海明威和玛丽到威尼斯旅行，认识了一位十九岁的意大利女郎阿德里安娜·伊凡契奇，她出身名门，有很高的文学艺术修养，和海明威很谈得来，他们一直保持通信许多年，后来她还到古巴拜访海明威夫妇。玛丽看得出来，海明威虽然收她为干女儿，事实上已经爱上这位年轻女郎了，但是她不动声色，她知道这位年轻女郎把海明威当父亲看待，不会有问题的。

这段经验却成为海明威创作的源泉，他发现自己又能创作小说了。1950年写完《过河入林》这部长篇小说后，他写信告诉阿德里安娜："你让我又恢复了写作的能力，我永远感激你。我已经完成这本书，主角就是以你为蓝本。我现在要为你写另外一本书，这会是我最好的一本书，一个老人与海的故事。"

《过河入林》距《丧钟为谁而鸣》已经十年了，这是关于一位中年男人和一位年轻女伯爵的故事。坎特威尔上校经历过第一次世界大战、西班牙内战和第二次世界大战。他回到最爱的城市威尼斯去打猎，和十九岁的爱人共度假期，她是意大利的一位女伯爵。坎特威尔上校已经接近生命的尽头，在这次假期中，他回顾过去的一生，有许多关于战争与爱情的思考，还有对威尼斯风光的描述。这本书出版后，书评家和读者的反应都很差，连阿德里安娜也批评说，女主角是海明威自己想象出来的女人，一点也不真实。大家都认为他江郎才尽了，但是他们都错了。

1951年，海明威的母亲和第二任妻子宝琳先后过世，他自己的健康也开始衰退了，他感到悲伤，感叹生老病死的无常，但是从不认输的海明威没有放弃希望，他要写出更好的作品，他还要再去非洲游猎，再到西班牙去看斗牛。

这段期间，他正在写一部巨作《岛在湾流中》，内容包括大地、海洋和天空。他写得很辛苦，写作的泉源似乎快要干涸了，只有最后的尾声写得十分顺利，很快就写完了。这是多年前他听到的一个古巴老渔夫和大鱼搏斗，却空手而回的故事，早已在他脑海中酝酿成熟，写起来像流水似的顺畅。

玛丽帮他的文稿打字，觉得《岛在湾流中》内容平凡，但是当她看到这结尾部分的"老人与海"的故事时，兴奋不已，她知道这是一篇杰作，是海明威等待已久的经典之作。当海明威听到玛丽的评论后，他请教了一位教授的意见，教授极力赞美这是难得的杰作，于是海明威决定把这个部分当作独立的短篇小说发表。

《老人与海》在1952年9月的《生活》杂志一次刊登完毕，早在8月时，海明威就等不及了，一直打电话问《生活》杂志，他是否可以先睹为快。9月1日那天，在纽约时代广场，许多人等着买最新一期的《生活》杂志，争看海明威最新的作品，结果两天之内，五百万份杂志全

部卖光，这一期的封面人物就是"海明威"。《老人与海》推出后，果然佳评如潮，不但读者喜欢，文学评论家也推崇这是经典之作。

《老人与海》的故事内容非常平淡，一个名叫圣地亚哥的古巴老渔夫出海打鱼，他已经连续八十四天没有捕到一条鱼了，那天他终于钓到一条巨大的马林鱼，但是因为太大了，无法放在船上，只能绑在船沿上拖着走。顽强的大鱼拒绝认输，拖着老人的船在海洋中跑了两天两夜。老人的一条手臂受伤了，他用另一条手臂拼命和大鱼周旋到底。他有时候抓一条小鱼来吃，维持体力，最后大鱼终于停止搏斗了，但是却引来了一群鲨鱼，穷追不舍，前来啃食大鱼，这时老渔夫早已经筋疲力尽了，却要和鲨鱼搏斗，赶走它们，保全自己辛苦得来的收获。当他终于回到岸边时，大鱼只剩下一个鱼骨头架子。老渔夫辛苦了三天却得到这样的结果，让人同情，但是他坚持到底，不轻易放弃的精神，更赢得读者的尊敬。

很多评论家觉得这个故事有象征意义：人生的苦难是不能预料的，但是人们可以学习老渔夫的坚强毅力和不认输的精神。这样一个平淡的故事,海明威凭借着多年深海钓鱼的经验,以及对鱼类的充分认识,以简洁有力的文字,成功描写出老人与大鱼在海上搏斗的细节,而老渔夫不放弃的坚毅精神,更带给读者极大的震撼。书中有句话后来成为名言:"人可以被毁灭,但是不可以被打败。"

《老人与海》单行本紧接着出版了,并且在第二年获得 1953 年普利策奖,电影界抢着拍成电影,而更高的荣誉还在后头呢!

海明威盼望再到西班牙看斗牛,到法国拜访老朋友,到非洲去游猎,顺便看看二儿子帕特里克。帕特里克从哈佛大学毕业后,受到父亲的影响,也喜爱打猎,现在是非洲游猎营区的一名白人猎手了。在这以前,海明威还必须参与《老人与海》的电影拍摄工作,这部电影由著名的明星斯宾塞·屈赛演老渔夫,海明威的工作是让导演和演员熟悉大海钓鱼的真实情况,拍出来才逼真,他甚至自愿去钓一条大马林鱼让他们拍片,结果他们还是用了一条假鱼。

1953 年 5 月,海明威夫妇动身到法国和西班牙去。

《生活》杂志特别请他写一系列文章谈这次的游猎，并且派一位摄影师同行。他们带了五十多件行李，因为这次旅行长达几个月。二十年前陪同的猎手珀西瓦尔已经退休了，但是在海明威的坚持下，他答应再度出马，陪同他们游猎。

他们在游猎营区安顿下来，就像以前一样，白天打猎，晚上围着营火烤肉和谈论非洲当地的传奇故事，一切都很顺利，直到1954年1月，意外事件接二连三地发生了。

海明威送给玛丽一件迟来的圣诞礼物，他租了一架飞机，带她去鸟瞰非洲的风景，看看那些美丽的湖泊、山崖和瀑布。玛丽果然喜欢极了，连声赞美，照相机咔嚓咔嚓照个不停。为了让玛丽尽情拍照，驾驶员特别让飞机低飞，这时一群大鸟迎面飞来，驾驶员赶紧闪避，却把飞机的螺旋桨弄弯了，必须把飞机降落在山谷中。他们往下一看，一边是泥潭，有几只鳄鱼正在晒太阳，一边是大象经常路过的树丛，驾驶员选择降落在树丛中，幸亏没有人受重伤，然后驾驶员用雷达系统送出求救的信号。

那天晚上，他们置身乌干达的深山之中，听着森林中野兽的叫啸声，难以入睡。终于天亮了，河流上出现一艘白色的大船，船上载满了观光客，船主不愿意载他们，海明威好说歹说，答应给一大笔钱，他们才同意了。

大船到了目的地，有位驾驶员说他可以开另一架飞机载海明威夫妇去医院检查身体。结果这架飞机在起伏不平的跑道上，像一只蚱蜢似的，先轻轻飞起，又落下，再飞起，又落下，始终无法离开地面。不久，窗外燃起了火焰，他们想开门逃出去，却发现飞机门打不开，情急之下，海明威用头猛撞机门，机舱门总算开了，他们都逃离了飞机，但是海明威的头部已经严重受伤，皮肤也严重烧伤，肝脏、肾脏、脊椎骨都受了伤，听觉暂时丧失，一只眼睛暂时失明，真是惨不忍睹！

他们租了一辆汽车去医院，在路上玛丽赶紧打电报给家人，家人们喜出望外，原来求救信号让人们误以为海明威夫妇已经坠机身亡了，全世界的媒体争相报道，家人们以为他们已经死了，玛丽的电报，让真相大白，亲友们喜极而泣。

海明威住在医院里疗养时，收到许多人寄来的贺函，庆幸他死里逃生，他读着报道他死亡的消息，觉得十分有趣，幸好都是好评，否则他真会气死。伤势刚刚好些，他又忍不住去狩猎和钓鱼。有一天树丛失火，他勇敢地冲去灭火，结果全身再度被烧伤。玛丽不许他再这么任性，要他先到意大利威尼斯去养伤，然后回美国静养。有好一阵子，他每天生活规律，饮食正常，不再酗酒，天天游泳运动，尽量不费神写作。

1954年10月底的一个清晨，海明威跟往常一样，一大早起床，忽然电话响了，从听筒那一端传来了好消息，他得了诺贝尔文学奖，这是作家能得到的最高荣誉。他高兴地走到卧房，叫醒玛丽，跟她说："亲爱的，我得到那东西了！"

玛丽睡眼惺忪，一时没会过意来："什么东西啊？"她突然想起应该是诺贝尔文学奖吧！在这以前，报章媒体早就在揣测海明威会是这一年的得主，这个时刻终于来临了，她高兴地跳起来和他拥抱："谢天谢地，你得到诺贝尔文学奖了！"

海明威得意地点点头，他将会得到三万五千元的奖金，但这不是最重要的，他最开心的是他一生努力于写作，终于得到最高荣誉的肯定。

得奖的消息公布后，贺函如雪片一样飞来，编辑和作家要求采访他写报道，老朋友前来恭喜他，不认识的人也想来看他长什么模样。最初他接受一些访问，后来拒绝了，这些事情占去他太多时间，他没办法专心写作，对他而言，写作才是最重要的事。

自从坠机以后，他的身体还没有完全恢复，脊椎骨受伤，他经常背痛，血压高，头发也全白了，比以前衰弱多了。他决定不去瑞典参加诺贝尔奖颁奖典礼，写了一篇演讲词，请美国驻瑞典大使代为领奖宣读。演讲词是这样的：

瑞典学术院的诸位委员，女士们，先生们：

我一向不善辞令，也缺乏演说才能，谨在此衷心感谢诺贝尔委员会的各位委员慷慨地颁奖给我。

任何作家，当知道比自己伟大的作家都没能荣获此奖时，在领奖时都会满心谦卑。这些作家的大名我也不必在此一一提出。相信在座的每个人都可以根据自己的知识和良心开列出一张名单来。

我知道，要求我国的大使在会中宣读一篇能充分表达作家内心的讲稿是不可能的。一个人写的东西不一定能立刻被别人领会，幸运的话或许也办得到，但是它们终究会十分清晰起来。根据这些情况和作者本身的才华，他或能流芳百世，或者就被人们遗忘。

写作，在最成功的时候，仍是一种孤独的生活。作家组织也许可以减轻作家的寂寞感，但是我怀疑这样未必能提高他们写作的品质。当一个作家抛开孤独，融入公众生活，他的作品常常就流于平庸。作家的写作是在孤独中进行的，如果他是一位不同凡响的作家的话，他每天都必须面对永恒与否的问题。

对一位真正的作家而言，每一本书应该是一个新的开始，使他得以继续探索那些尚未达到的领域。他永远应该尝试那些从来没有人做过的事，或者别人尝试过却失败的事。然后有朝一日，运气好的话，他就会成功。

　　如果，只是把人家写得很好的文学作品，用另一种方法重写，那很容易。因为在以前，我们已经有很多伟大的作家，一个普通作家常常被他们逼人的光辉驱赶到远离他可能到达的地方，陷入孤立无援的境地。

　　身为一个作家，我已经说得太多了。作家应该写出他要说的话，而不是说。再次感谢。

　　这是海明威文学生涯的最高峰，他一生对写作的执着努力已经获得了世界的肯定，然而他知道自己的健康已经大不如以前了。

10. 太阳下山了

　　1955 年，他的健康状况不佳，情绪也不稳定，常常发脾气。他对《老人与海》的电影制作感到不满意，常和电影工作人员吵架。他写了几篇短篇故事，也总是感到不满意，他喜欢和其他著名作家如福克纳比较，看谁是最好的作家，谁最受欢迎。

　　然而，他内心深处最害怕的事——体力和脑力的衰退，还是逐渐浮现了。第二年他回到西班牙，替《生活》杂志写斗牛专辑。除了观看每场斗牛比赛，他又开始放纵自己，每天坐在酒店里大量喝酒，谈天说故事。不久之后，他回到法国，意外有一大收获。在丽兹酒店的地下室，有人发现两大箱他当年的衣物、书籍、笔记本以及打字的文稿和剪报。他如获至宝，这些东西记载了他当年在巴黎的岁月，他一直拒绝别人为他写传记，现在他决定自己动笔来写早年的回忆录了。这年他五十七岁，看起来却像六十七岁一样苍老。回到古巴后，他听从玛丽的劝告，戒酒，定时吃控制高血压的药，过着规律的生活。

1957年，诗人庞德被美国政府以叛国罪起诉。一群著名的作家到华盛顿向美国政府请愿，吁请释放庞德，这群作家包括著名诗人艾略特和罗伯特·弗罗斯特等人。海明威身体不好，无法去华盛顿声援，但是他想起当年在巴黎得到庞德的提携帮助，义不容辞地写了一封长信，坚决表示庞德是个诗人，绝不是叛国贼。最后，美国政府决定放弃这项起诉，释放了庞德。

这年秋天，海明威回到北方爱达荷州太阳谷附近的住所，继续疗养，同时写他的早年自传。这本书命名为《流动的盛宴》，涵盖了他1921到1926年在巴黎的生活和对一些作家、艺术家、学者的描写，可以看出当时的文化环境和一些趣事。他的笔下有时过分尖刻，譬如说此时已过世的曾在巴黎照顾提携他的女作家格特鲁德·斯坦因，海明威说在跟她的接触的那几年中，格特鲁德·斯坦因从来没有赞美过那些不认可她的作品的作家。他对菲茨杰拉德的评语也总是集中在他的酗酒和精神病这两件事情上。

1958 年，卡斯特罗崛起，推翻古巴政府，共产党开始掌权。海明威认为卡斯特罗亲西方民主阵营，所以他像以前支持西班牙的左派政府一样，支持卡斯特罗，他们两人还一起去钓鱼饮酒，这些言行引起了美国联邦调查局长胡佛的关切，密切注意他是否有卖国的嫌疑。二十年来，海明威以古巴为家，现在他开始疑神疑鬼，认为联邦调查局在调查他，身旁的人都是便衣警察。为了证明政治立场清白，他在爱达荷州太阳谷附近买了一栋房子，准备搬离古巴。不久，瞭望山庄被古巴军方闯入，搜索是否藏有武器，他心爱的大黑狗被杀死了，家里的书画和带回来的猎物标本都被没收了。

1959 年夏天，他到西班牙去观看最有名的两大斗牛士争夺世界斗牛冠军，并且替《生活》杂志写相关报道。世界各地的媒体都前往报道这件大事，也拍摄海明威在现场观赏斗牛的照片。斗牛士纷纷以牛角向他献礼致敬，大学生围绕着他，诉说衷肠，他早期发表的小说《太阳照常升起》仍然感动着比他年轻两代的年轻人，他们认同书中描写的"迷惘的一代"。

在西班牙，他度过六十岁生日，玛丽花了好几个星期精心筹备生日宴会，安排各种节目，包括吉他手演奏、西班牙舞蹈，邀请他的好朋友们参加，热闹极了。但是事后，海明威不但一句感谢的话没说，反而怪玛丽乱花钱，玛丽委屈极了，这是她用自己的稿费筹备的。她很担心，他现在经常为小事生气，对她也十分无礼，是不是有什么问题要发生了？

海明威的情绪常跟他的写作是否顺利有关，他回到爱达荷后，开始写斗牛系列的文章，他洋洋洒洒写了七万字，远远超过《生活》杂志所给的篇幅五千字。他好像失去了删减的能力，最后由编辑部帮忙删除了一半以上。1960年，这三篇名为《危险的夏天》的文章在《生活》杂志刊登，深受读者欢迎。

1960年，为了《危险的夏天》出书，他再度去西班牙，这次玛丽没有一起去。两个月中，他开始出现一些精神异常的现象，常常抑郁不安，怀疑朋友要害他，躲在床上几天不敢出门，完全不是以前那勇猛无畏的海明威了。

他回到爱达荷的家中，玛丽劝他住院接受心理治疗，他担心别人知道，对外宣称是治疗高血压。

在明尼苏达著名的梅奥诊所，医生用电击法治疗他，经过两个月的治疗，他的一举一动好像都恢复正常了，医生让他回家休养。他又恢复每天早上的写作，但是他发现灵感的泉源干涸了，很久也写不出一个字来。他的精神抑郁症已经让他无法合理地思考了。这对海明威来说是多么绝望的打击，他还有好多东西要写，写作是他的生命，但是他不能写了，这等于宣判一个作家的死亡！

外界开始传说纷纷，他尽量避免在公众场合露面，连肯尼迪总统邀请他去华盛顿参加总统就职大典，都被他婉拒了。1961年4月的某天，玛丽发现海明威拿着一把猎枪站在门口，她意识到不妙，尽量和他说话，拖延时间，等着家庭医生的到来，医生来了以后，他们成功的把他的猎枪拿走。海明威又被送到梅奥诊所治疗，几星期后，医生认为不严重了，让他回家。这时，玛丽早已经把家中的猎枪藏在地下室，以防不测。

7月2日星期天的早上，玛丽还在睡眠中，被一声枪响惊醒，连忙出来查看，原来海明威已经找到钥匙，到地下室拿出猎枪，在家门口对着自己前额扣下扳机，自杀了。"爸爸海明威"终结了自己多彩多姿的一生，离开了他曾经尽情探险，尽力描写的大千世界，安息在太阳谷附近。

玛丽后来把海明威没有发表的著作，如《流动的盛宴》和《岛在湾流中》整理出版，她写了一本自传，对于她和海明威的生活有详细的描述，她在 1988 年去世。

从海明威生前住过和游玩过的地方，都可以一睹他永恒的魅力。许多人到巴黎左岸去走访当年海明威住过的公寓、写作的咖啡店，到"莎士比亚书店"留连。在西班牙，因为海明威对斗牛的热爱和畅销小说《太阳照常升起》，潘普洛纳成为著名的观光地。在佛罗里达的西礁岛，白头街 907 号住宅成为海明威纪念馆，每年夏天，无数的游客来岛上庆祝"海明威日"，一个星期的活动包括钓鱼比赛，到邋遢乔饮酒，还有许多蓄着大胡子的人前来参加"谁最像海明威"的比赛。在古巴，《老人与海》故事中的小渔村，有一栋海明威大厦，广场上矗立着一座海明威的

铜像，是当年他去世后，当地渔民捐赠渔船上的铜片而铸成的。瞭望山庄和皮拉尔号都由古巴政府接收管理，售票让人参观。

海明威小档案

1899 年　出生于美国伊利诺州。

1902 年　有了自己的钓竿。

1917 年　担任《堪萨斯明星报》的实习记者。

1918 年　被红十字会派往斯基奥战区开救护车。后至前线递送补给时，在受伤的情况下英勇救人，获颁银星勋章。与艾格尼丝陷入热恋，最后无疾而终。

1921 年　与哈德莉结婚。12 月下旬，至法国。

1924 年　出版《在我们的时代里》。

1926 年　第一部长篇小说《太阳照常升起》出版，立刻引起轰动。

1927 年　与第二任妻子宝琳结婚，隔年回到美国。

1929 年　出版长篇小说《永别了，武器》。

1931 年　在西礁岛购屋，第一次有了自己的房子。

1933 年　到非洲展开游猎。

1935 年　与玛莎·盖尔霍恩相识，深受吸引，与宝琳的婚姻亮起红灯。

1937 年　前往西班牙采访内战新闻，与玛莎再度相遇。

1940 年　出版《丧钟为谁而鸣》。年底，与宝琳离婚，娶玛莎为妻，定居在古巴哈瓦那附近。

1941 年　与玛莎前往中国香港等地访问。

1944 年　为了到欧洲战场采访，与玛莎闹意见。

1945 年　与玛莎离婚。隔年与玛丽·威尔什结缡。

1950 年　出版长篇小说《过河入林》，但反应不佳。

1951 年　母亲及第二任妻子宝琳先后过世。

1952 年　在《生活》杂志上刊登《老人与海》，随即出版单行本。

1953 年　获得普利策奖。

1954 年　获诺贝尔文学奖。

1960 年　开始出现精神异常的现象。

1961 年　去世。